# TRAITÉ
## THÉORIQUE ET PRATIQUE
## DES PROPORTIONS HARMONIQUES,
## ET DE LA FONTE
# DES CLOCHES.

OUVRAGE CURIEUX POUR LES SAVANS, & utile aux Chapitres, aux Fabriques & aux Communautés.

PAR M. ROUJOUX CURÉ DE FISMES.

A PARIS,

Chez NYON, Quai des Augustins, à l'Occasion.

M. DCC. LXV.

*Avec Approbation, & Privilege du Roi.*

# PREFACE.

JE traite de la Fonte des Cloches, je dois donc en parler ſuivant les regles de l'harmonie qui leur eſt propre.

Si parmi les vaſtes feux qui roulent ſur nos têtes; ſi parmi les objets terreſtres d'une variété immenſe qui tombent ſous nos ſens, l'aſſortiment & l'harmonie marchent avec cet ordre & cette majeſté admirable, ſi propre à faire connoître l'unique & ſuprême Intelligence qui y préſide; ſi dans le genre moral & le politique, l'accord mutuel y eſt eſſentiel, ſi le genre animal ne tire ſon avantage & ſa perfection que de la ſymétrie de ſes membres, de ſes ſenſations, de ſes ſympathies; en deux mots, ſi avec l'harmonie tout eſt bon, & ſi ſans harmonie tout eſt mauvais, on peut dire auſſi que point d'harmonie point d'arts. Or, en deſcendant du général au particulier, faire des Cloches eſt un art; mettons-y donc de l'harmonie & une ordonnance fixe qui en assurent l'exécution.

Et disons d'abord qu'une Cloche seule, si elle est bien faite, doit s'accorder avec elle-même, & contenir intrinséquement toute l'octave de la musique, sans quoi elle est en défaut. Celle qui sonne le ton grave étant considérée comme un instrument organisé, doit monter de tierces en tierces & former ces six tierces, *ut*, *mi sol*, *si*, *re*, *fa*, *la*, *ut* : & cet accord s'appelle progression harmonique simple, parceque ce n'est qu'une Cloche organisée dans ses huit parties de tons.

Mais cela ne suffit pas ; car si cet accord que nous lui supposons n'est point assorti à celui des autres qui l'accompagnent, cela fera une cacophonie.

Comme ses compagnes doivent être considérées comme autant de parties séparées de son tout ; les sept tons *re*, *mi*, *fa*, *sol*, *la*, *si*, *ut*, qu'elle contient, doivent se rencontrer en unisson avec ces sept Cloches *re*, *mi*, *fa*, *sol*, *la*, *si*, *ut*, qui la suivent : & cette organisation qui regne par-tout, est une autre progression harmonique que l'on appelle relative.

C'est d'après ces principes si simples que je présente au Public ce petit Traité de la Fonte des Cloches, où les proportions harmoniques se présentent dans les trois premiers Chapitres ; la façon de faire des Diapasons par le calcul, dans les trois suivans ; par le méchanisme, dans le septieme : le huitieme Chapitre est destiné à trouver le poids des Cloches : le neuvieme traite de l'échantillon & d'autres petits articles : les dixieme & onzieme apprennent à dresser cet échantillon & à faire les moules, le four de reverbere, &c.

Comme j'ai eu recours au P. Merſenne, les bons Artiſtes qui voudront faire de même, feront très bien ; mais après m'avoir lu, ils verront que ce grand harmoniſte n'a pas tout dit, & je peux dire qu'ils trouveront ici des développemens, des éclairciſſemens, des démonſtrations & des Tables que perſonne n'a dreſſées avant moi. C'eſt le fruit de mon travail & de mes récréations. Je ne parle pas de M. Pluches ; il n'a fait que copier de l'Ouvrage de ce Religieux ce qu'il en a voulu, & a laiſſé l'eſſentiel.

On eſt ſouvent trompé par l'ignorance ou par la mauvaiſe foi des Artiſtes dans la fonte des Cloches. Le moyen d'y remédier eſt d'être ſoi-même inſtruit quand on les emploie ; cet Ouvrage, néceſſaire aux Artiſtes, eſt néceſſaire aux Communautés, aux Curés & aux Fabriciens.

## APPROBATION.

J'AI lû, par l'ordre de Monseigneur le Vice-Chancelier, un Manuscrit intitulé : *Traité Théorique & Pratique des proportions harmoniques & de la fonte des Cloches*, & je n'y ai rien trouvé qui puisse en empêcher l'impression. A Paris ce 25 Juillet 1764.

CLAIRAUT.

## PRIVILEGE DU ROI.

LOUIS, par la grace de Dieu, Roi de France & de Navarre : A nos amés & féaux Conseillers les Gens tenant nos Cours de Parlement, Maîtres des Requêtes ordinaires de notre Hôtel, Grand-Conseil, Prévôt de Paris, Baillifs, Sénéchaux, leurs Lieutenants Civils, & autres nos Justiciers qu'il appartiendra : SALUT. Notre amé JEAN-LUC NYON, Libraire à Paris, Nous a fait exposer qu'il desireroit faire imprimer & donner au Public un Ouvrage qui a pour Titre : *Traité Théorique & Pratique des Proportions harmoniques & de la Fonte des Cloches*, par M. ROUJOUX, Curé de Fismes, s'il Nous plaisoit lui accorder nos Lettres de Privilége pour ce nécessaires. A CES CAUSES, voulant favorablement traiter l'Exposant, Nous lui avons permis & permettons par ces Présentes, de faire imprimer ledit Ouvrage autant de fois que bon lui semblera, & de le vendre, faire vendre & débiter par tout notre Royaume, pendant le tems de trois années consécutives, à compter du jour de la date des Présentes; faisons défenses à tous Imprimeurs, Libraires, & autres personnes, de quelque qualité & condition qu'elles soient, d'en introduire d'impression étrangere dans aucun lieu de notre obéissance ; à la charge que ces Présentes seront enregistrées tout au long sur le Registre de la Communauté des Imprimeurs & Libraires de Paris, dans trois mois de ladate d'icelles, que l'impression dudit Ouvrage sera faite dans notre Royaume, & non ailleurs, en bon papier & beaux caracteres, conformément à la feuille imprimée, attachée pour modele sous le Contrescel des Présentes; que l'Impétrant se conformera en tout aux Réglemens de la Librairie, & notamment à celui du 10 Avril 1725; qu'avant de l'exposer en vente, le manuscrit qui aura servi de copie à l'impression dudit Ouvrage, sera remis dans le même état où l'Approbation y aura été donnée, ès mains de notre très cher & féal Chevalier Chancelier de France le Sieur de Lamoignon, & qu'il en sera ensuite remis deux Exemplaires dans notre Bibliothéque publique, un dans celle de notre Château du Louvre, un dans celle dudit Sieur de Lamoignon, & un dans celle de notre très cher & féal Chevalier Vice-Chancelier & Garde des Sceaux de France le Sieur de Maupeou, le tout à peine de nullité des Présentes; du contenu desquelles vous mandons & enjoignons de faire jouir ledit Exposant, ou ses ayans cause pleinement & paisiblement, sans souffrir qu'il leur fait aucun trouble ou empêchement; Voulons qu'à la copie des Présentes qui sera imprimée tout au long au commencement ou à la fin dudit Ourvage, foi soit ajoutée comme à l'Original. Commandons au premier notre Huissier ou Sergent sur ce requis, de faire pour l'exécution d'icelles tous actes requis & nécessaires, sans demander autre permission, & nonobstant Clameur de Haro, Charte Normande & Lettres à ce contraires: Car tel est notre plaisir. Donné à Paris le vingt-deuxieme jour d'Août, l'an de grace mil sept cens soixante-quatre, & de notre Regne le quarante-neuvieme. Par le Roi en son Conseil.

LEBEGUE.

*Registré sur le Registre XVI de la Chambre Royale & Syndicale des Libraires & Imprimeurs de Paris, n°. 925 ; fol. 153, conformément au Reglement de 1723. A Paris ce 5 Septembre 1764.*

LEBRETON, Syndic.

TRAITÉ

# TRAITÉ THÉORIQUE ET PRATIQUE DES PROPORTIONS HARMONIQUES ET DE LA FONTE DES CLOCHES.

## CHAPITRE PREMIER.

*Table des proportions harmoniques pour deux Octaves de suite, avec le semi-ton.*

DANS les Entretiens champêtres que nous eûmes il y a bientôt un mois, on parla beaucoup des Fondeurs de Cloches, de leur art dont ils font un mystere, &

qui d'ordinaire n'en eſt pas moins un pour eux-mêmes que pour les autres. On me cita à leur occaſion l'infortune d'un Curé de notre voiſinage, qui, pour s'être rendu adjudicataire économe d'une fonte des trois groſſes Cloches de ſa Paroiſſe, s'eſt trouvé preſque ruiné, tant par l'ignorance & les chicanneries du Fondeur, que par la faute des Juges peu connoiſſeurs en cette matiere, qui condamnerent le Curé. On me fit ſentir que ce ſeroit rendre ſervice au Public, que de mettre cet Art à la portée des perſonnes intelligentes, & par-là ménager les intérêts des Chapitres, des Religieux & des Fabriques. Je promis alors d'y travailler, je remplis aujourd'hui ma promeſſe.

Je rends juſtice aux Maîtres de l'art; ils ſont ſûrs de leur fait : mais combien en eſt-il qui ne ſont ſûrs de rien, ſinon de manquer; qui commencent par promettre beaucoup, continuent par mal ſervir, & finiſſent par vous ruiner? Le fondement & le principe eſſentiel de leur art, conſiſte dans des proportions que l'on nomme proportions harmoniques, dont l'Ouvrier ne devroit jamais s'écarter, & dont cependant les Fondeurs à routine n'ont pas la moindre idée; ce qui fait que l'on en eſt preſque toujours les dupes, & que la bourſe des Fabriques ſe vuide à pure perte.

Pour prévenir un ſi grand abus, je vais poſer pour baſe de tout cet Ouvrage, tel que vous me le demandez, la Table ſuivante : le dévéloppement & l'application que j'en ferai, vous donneront tout l'éclairciſſement poſſible.

---

## *TABLE des proportions harmoniques pour deux Octaves de ſuite avec leurs feintes ou ſemi-tons.*

Tout uniſſon eſt en proportion de 1 à 1.

### OCTAVE SIMPLE.

| | | | |
|---|---|---|---|
| La ſeconde majeure eſt en proportion de | 9 | à | 8 |
| La ſeconde mineure eſt en proportion de | 10 | à | 9 |
| ou de | 16 | à | 15 |
| La tierce majeure eſt en proportion de | 5 | à | 4 |
| La tierce mineure eſt en proportion de | 6 | à | 5 |
| La quarte eſt en proportion de . . . | 4 | à | 3 |
| La quinte eſt en proportion de . . . | 3 | à | 2 |
| La ſixieme majeure en proportion de . . | 5 | à | 3 |
| La ſixieme mineure en proportion de . . | 8 | à | 5 |
| La ſeptieme majeure en proportion de . | 15 | à | 8 |
| La ſeptieme mineure en proportion de . | 9 | à | 5 |
| L'octave eſt en proportion de . . . | 2 | à | 1 |

## DOUBLE OCTAVE.

| | | | |
|---|---|---|---|
| La neuvieme majeure eſt en proportion de | 9 | à | 4 |
| La neuvieme mineure eſt de . . . . . | 32 | à | 15 |
| ou de | 20 | à | 9 |
| La dixieme majeure eſt de . . . . . | 5 | à | 2 |
| La dixieme mineure eſt de . . . . . | 12 | à | 5 |
| La onzieme eſt en proportion de . . | 8 | à | 3 |
| La douzieme eſt en proportion de . . | 3 | à | 1 |
| La treizieme majeure eſt de . . . . . | 10 | à | 3 |
| La treizeime mineure eſt de . . . . . | 16 | à | 5 |
| La quatorzieme majeure eſt de . . . . | 15 | à | 4 |
| La quatorzieme mineure eſt de . . . . | 18 | à | 5 |
| La double octave eſt de . . . . . . | 4 | à | 1 |

C'eſt, Monſieur, ſur cette Table que tout Fondeur doit ordonner ſon travail. Elle eſt à ſon égard comme un point de perſpective, d'où il doit enviſager non-ſeulement les loix, ſi j'oſe le dire, de l'élégance & du bon goût, mais celles du vrai & du néceſſaire. On peut même affirmer que ſans cette eſpece de méſochore, on ne peut trouver ni accords, ni harmonies, ni poids, ni épaiſſeurs, ni diametres, ſi ce n'eſt par un pur haſard. Ainſi c'eſt la baſe de tout.

Vous ſerez peut-être aſſez curieux, car je connois trop votre eſprit pénétrant & la fineſſe de votre goût pour vous contenter de mots ſans en connoître le ſens;

oui, vous serez assez curieux pour me demander la raison primitive de cette Table, & pourquoi, par exemple, on met la quinte en proportion de 3 à 2, & l'octave de 2 à 1. Mon dessein est bien de vous rendre content : je vous prie seulement de vous faire un monocorde, qui ne sera autre chose qu'une regle de bois divisée en 3600 parties égales d'une demie ligne chacune ou environ, longue de treize à quatorze pieds. Vous monterez cette regle d'une corde de boyau ou de laiton, de toute la longueur de vos 3600 divisions, médiocrement tendue sur deux chevalets placés aux deux extrêmités de la ligne ainsi divisée ; & vous aurez un troisieme chevalet qui sera pour glisser sous la corde à chaque numero des 3600 divisions. Il faudra aussi une seconde corde de même matiere que la premiere, de la même longueur & épaisseur, & montée de même, mais point de troisieme chevalet, laquelle sera toujours frappée à vuide & dans toute son étendue, tandis que vous frapperez la premiere à droite ou à gauche du chevalet ambulant.

L'instrument ainsi disposé & monté, glissez le chevalet sous la premiere corde au n°. 1800 qui en est le milieu ; frappez à droite & à gauche du chevalet ; & comme la partie de corde de la droite & la partie de la gauche, ſont également de 1800 numeros chacune, elles vous donneront l'une & l'autre enſemble un parfait uniſſon, & en même tems la raiſon de 1 à 1.

Il eſt queſtion préſentement, Monſieur, de ſe faire un principe pour pouvoir ſe rendre raiſon à ſoi-même pourquoi les proportions harmoniques doivent être telles que la Table les annonce: ce principe eſt que la parité doit être entiere, par rapport aux différences proportionnelles qui ſe trouvent entre la ſeconde corde qui ſonne toujours le ton grave, & les parties de la premiere corde qui ſonnent les tons aigus d'une part, & les proportions harmoniques de la Table d'autre part. Ceci dit, frappez la premiere corde aux deux côtés du chevalet; ces deux côtés qui ſont de 1800 chacun, ſonneront l'*ut* aigu, & la ſeconde corde qui eſt ſuppoſée de 3600 ſonnera l'*ut* grave, octave d'*ut* aigu; & ce ſera pour lors la proportion de deux à un, ou autrement deux cordes de 1800 diviſions contre une de 3600.

Pouſſant enſuite le chevalet au n°. 2400, ſi vous frappez le côté 2400 & la ſeconde corde qui eſt à vuide, vous aurez une quinte bien formée & tout à la fois la proportion de trois à deux; en voici la preuve. La quinte eſt au ton grave comme 2400 eſt à 3600; or il y a entre 2400 &

3600, une différence proportionnelle qui est de 1200; mais 1200 se trouve trois fois compris en 3600 & deux fois en 2400, qui est une différence de 3 à 2; donc la quinte est aussi avec le son grave en proportion de 3 à 2.

Glissez de-là le chevalet au n°. 2700; frappez cette partie de corde, & en même tems la corde du son grave; vous aurez une *quarte*, & la raison de 4 à 3: car la différence qui se trouve entre 3600 & 2700 doit se trouver la même entre le ton grave & sa *quarte*. Or cette différence est de 900 divisions, qui sont quatre fois comprises en 3600 & trois fois en 2700. La différence du ton grave à la *quarte* est donc de 4 à 3.

La tierce majeure trouvera sa place au n°. 2880, dont la différence proportionnelle jusqu'à 3600 est de 720 divisions, laquelle somme se trouve 5 fois en 3600, & 4 fois en 2880: donc la différence proportionnelle du ton grave à la *tierce* majeure est de 5 à 4.

Le n°. 3000 sera la place du chevalet pour la *tierce* mineure; & la différence de 3600 à 3000, fera aussi celle de la corde entiere avec la *tierce*; or cette différence qui est de 600, se trouve 6 fois comprise en 3600 & 5 fois en 3000. La proportion harmonique de 6 à 5 eſt donc celle que nous cherchons.

Comme ce petit travail de combinaiſons eſt mon propre ouvrage en quelque façon, & que l'on pourroit me reprocher d'avoir fait un empiétement ſur le droit de Meſſieurs les Muſiciens, ſi quelques-uns d'entr'eux jugent à propos d'en faire la critique, ils me feront plaiſir.

## CHAPITRE II.

### *Suite de la Table des Proportions harmoniques.*

Les ſecondes, ſixiemes, & ſeptiemes majeures & mineures, vont donc achever le dénouement de la Table harmonique que j'ai commencée.

La *ſeconde majeure* ſe trouve ſous le chevalet au n°. 3200. Il y a un vuide de 400, entre 3600 & 3200 qui forme la différence proportionnelle de ces deux ſommes : c'eſt auſſi la différence qui doit ſe trouver entre la corde à vuide & cette *ſeconde majeure* : or 400 eſt compris 9 fois en 3600 & 8 fois en 3200; la proportion de la *ſeconde majeure* eſt parconſéquent de 9 à 8.

La *ſeconde mineure* ſe trouve au n°. 3240 : de 3240 juſqu'à 3600 il y a une différence de 360, & cette grandeur 360 ſe trouve 10 fois dans la corde entiere qui eſt ſuppoſée de 3600 parties, & 9 fois dans la partie de corde ou dans la grandeur 3240; c'eſt donc la proportion de 10 à 9 qui appartient à cette *ſeconde mineure*.

Pour les ſixiemes & ſeptiemes, comme vous ne pouvez, Monſieur, réuſſir à trouver la raiſon de vos proportions ſur les nombres entiers, parcequ'ils ſont accompagnés de fractions, vous opererez ſur ces fractions en la maniere qui ſuit.

La ſixieme majeure eſt au n°. 2160 où vous avez gliſſé le chevalet : juſqu'à 3600 c'eſt 1440 de différence. Mais parceque cette grandeur 1440 ne ſe trouve que deux fois dans celle de 3600 avec le reſte 720, & ne ſe trouve qu'une fois dans celle de 2160 avec pareil reſte 720, & que d'ailleurs cette proportion de 2 à 1 ne peut faire la proportion que vous cherchez, en ce qu'elle eſt la proportion déjà trouvée de l'*octave*, vous agirez ſur ce reſte 720 comme ſi c'étoit un nombre entier; & en conſéquence dites : en 3600 combien de fois 720? 5 fois; & combien en 2160? 3 fois, & le tout ſans reſte : reſtez-en donc là, & concluez que la proportion cherchée eſt de 5 à 3, ce qu'il falloit démontrer.

C'eſt au n°. 2250 que le chevalet ſe pouſſe pour ſonner la ſixieme mineure, lequel numero laiſſe un vuide de 1350 juſqu'à 3600; lequel nombre 1350 n'eſt qu'une fois en 2250 avec reſte de 900, & 2 fois avec pareil reſte en 3600. Or la proportion de 2 à 1, comme il vient d'être dit, ne peut convenir qu'à l'octave. Il faut donc opérer ſur ce reſte 900 comme ſi c'étoit un nombre entier, & dire : en 3600 combien de fois 900? 4 fois sans reste; & en 2250 combien de fois 900? 2 fois avec le reste 450: mais parcequ'il ne doit y avoir aucun reste qui ne soit commun à ces deux sommes 3600 & 2250, il faut passer à une troisieme opération, & agir à l'ordinaire sur ce reste unique 450: or comme ce reste, est contenu 8 fois juste & sans aucun reste en 3600, & est 5 fois juste aussi en 2250, vous devez conclure que cette derniere épreuve est bonne, & que la raison que l'on demande donne 8 à 5, qui est ce que l'on cherche pour la *sixieme mineure*.

Parvenu à la *septieme majeure*, où le n° 1920 aura sonné ce ton, vous opererez de la même maniere qu'à la sixieme majeure; c'est-à-dire, que comme entre 1920 & 3600, il y a une distance de corde qui comprend 1680 parties, & que ce nombre 1680 n'est compris que 2 fois avec reste 240 en 3600, & une fois en 1920, avec un reste pareil, il faudra opérer sur ce reste 240, & voir combien 3600 & 1920 le contiennent de fois, c'est 15 fois dans l'un & 8 fois dans l'autre: & c'est aussi la raison cherchée pourquoi la *septieme majeure* est dite être en proportion de 15 à 8.

C'est enfin de la *septieme mineure* qu'il s'agit: elle doit sonner au n° 2000, & laisser un intervalle de corde de 1600 parties. Or cette grandeur 2000 ne comprend celle de 1600 qu'une fois, avec un reste qui est de 400; & celle de 3600 ne comprend aussi celle de 1600 que deux fois avec pareil reste 400; & comme la proportion de 2 à 1 n'est que pour l'octave, il faut travailler sur ce reste 400, qui est une grandeur commune à celle de 3600 & de 2000, de la même maniere que précédemment, & voir combien de fois 400 se trouve en 3600 & en 2000; c'est 9 fois en l'un & 5 fois en l'autre, d'où vous jugerez que la proportion de 9 à 5 est au juste la raison cherchée. Tout est dit pour la premiere octave, & pour la raison démonstrative des proportions harmoniques énoncées dans la Table.

# CHAPITRE III.

## *On rend raiſon de la Table précédente des proportions harmoniques.*

J'AI promis une ſeconde idée pour parvenir à rendre raiſon de la Table des proportions harmoniques : & voici ce que c'eſt.

C'eſt par la différence des battemens d'air que l'on parvient à cette connoiſſance ; car, après tout, les conſonnances & diſſonnances ſe font par l'addition & la ſouſtraction de ces mêmes battemens.

### L'UNISSON.

En effet, tant qu'on n'ajoutera rien & qu'on n'ôtera rien à deux tons qui, ſuppoſé, feront chacun huit battemens, il eſt certain qu'en conſervant toujours la même égalité, ils iront toujours de pair, & formeront entre eux ce qu'on appelle uniſſon.

### L'OCTAVE.

Si au contraire à l'un des uniſſons l'on ajoute un ſecond battement, tandis que l'autre uniſſon demeurera ferme & au même ton, on aura deux battemens d'air contre un, & la proportion de 2 à 1 ; deux battemens pour *ut* aigu & un pour *ut* grave.

## LA QUINTE.

Et si l'on augmente ces deux battemens de l'octave d'un troisieme, on aura pour la *quinte* trois battemens au lieu de deux, parceque la *quinte* est composée de deux mouvemens, à raison de ces cinq sons dont l'un bat l'air deux fois tandis que l'autre le bat trois fois. D'où il arrive qu'une corde qui sera tellement divisée qu'elle laissera 3 parties d'un côté & 2 de l'autre, donnera nécessairement la *quinte*, parceque le côté qui a 3 parties battera deux fois l'air pendant que celui qui n'en a que 2 le battera trois fois; le nombre des battemens étant réciproque de la longueur des cordes.

## LA QUARTE.

Elle consiste dans le mêlange de deux sons, dont la proportion est de 4 à 3; parcequ'en même-tems que la *quarte aiguë* bat quatre fois l'air, la *quarte* grave ne le bat que trois fois : c'est pourquoi il faut que la plus grosse cloche de la *quarte* grave soit plus haute & plus large d'un tiers que l'autre.

## LES TIERCES,

Ainsi que les autres consonnances se forment par deux mouvemens dont l'un bat l'air 5 fois dans la *tierce majeure* aiguë & l'autre 4 fois dans la *tierce grave* ; 6 fois pour la *tierce mineure* aigüe & 5 fois pour la *tierce grave*.

Maintenant ſi, après avoir ajouté tous ces différens battemens d'air pour monter de ton en ton, on vient à les retrancher, on deſcendra comme on aura monté de conſonnances en conſonnances juſqu'au premier ſon. On fera tenir également la même route aux diſſonnances tant en montant qu'en deſcendant.

## LES SECONDES.

Car ſi, dans la ſuppoſition de deux uniſſons compoſés de huit battemens d'air chacun, on ajoute à un d'eux un nouveau battement, on aura ce qui ſe nomme le ton ou la *ſeconde majeure* de 8 à 9, & en ajoutant encore un ſecond, on aura ce qu'on nomme le *ſemi-ton* ou la *ſeconde mineure* de 10 à 9 : mais ſi, après cette addition faite, on en vient à ſouſtraire & à retrancher une unité de 10 & de 9, le ſemi-ton deviendra le ton.

## LA SIXIEME MINEURE

Se fait auſſi par trois battemens d'air, leſquels ajoutés aux cinq battemens de la quinte, en donnent huit, & en même-tems la proportion de 8 à 5.

## LES DOUBLES OCTAVES.

On ne fait que doubler le plus grand

terme, c'eſt-à-dire, le plus haut chiffre des octaves qui précedent de ton en ton; & cela tant de fois répétées que l'on voudra. Le plus grand terme d'*ut* grave de la premiere octave eſt 2, qui étant doublé donne 4 pour *ut* grave de la ſeconde octave. Le tout ſera dit quand on aura obſervé que d'octaves en octaves les battemens diminuent ſucceſſivement de moitié, tandis qu'au contraire le volume des Cloches augmente du double en épaiſſeurs, hauteurs, poids & largeurs, à meſure qu'elles deſcendent par octave; c'eſt la raiſon inverſe.

Une petite obſervation, Monſieur, va vous donner parfaitement l'intelligence de tout ce qui a été dit juſques ici; qui eſt 1°. que le ſon d'une corde ou d'un autre corps, contient en ſoi tous les ſons quelconques, à raiſon des différens battemens d'air qui ſe font à chaque point ou partie de cette corde, qui ſe meut d'une vîteſſe différente; 2°. que les parties de la corde ſe meuvent d'autant plus vîte qu'elles approchent de ſon milieu de plus près; 3°. enfin, que la raiſon des battemens de l'air que donnent ces mêmes parties, eſt inverſe des longueurs de cette même corde. Exemple, une corde arrêtée aux points A B & F, que l'on tirera d'abord dans toute ſa longeur A B par

le

le point G, ne s'en retournera qu'une fois vers le point F, tandis qu'étant arrêtée par son milieu au point F, elle s'en retournera deux fois vers le point H, quand on la tirera par le point I.

Donc la moitié de cette corde donnera le double de battemens de ce qu'elle en donnera étant entiere : donc le nombre des retours s'augmente à proportion que les longueurs se raccourcissent : donc les battemens d'air que font entendre les Cloches doivent augmenter à mesure que les épaisseurs & diametres s'en raccourcissent par une raison qui est dite réciproque ou inverse.

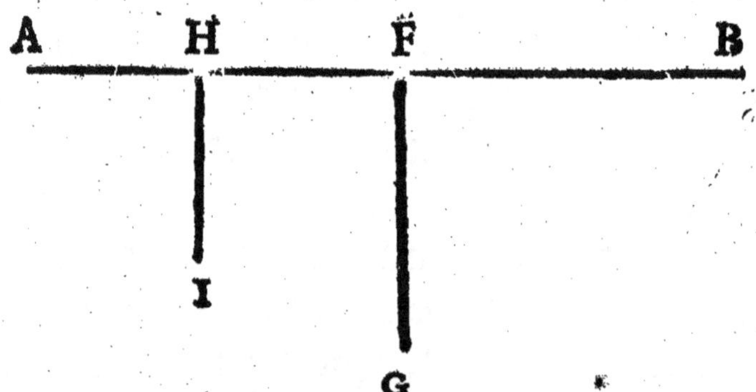


Quittons la simple théorie pour passer à la théorie pratique.

## CHAPITRE IV.

### *Les Diapasons d'épaisseur du bord des Cloches.*

Nous sortons d'un genre d'harmonie pour entrer dans un autre, & nous quittons la théorie pour embrasser la théorie pratique. Il falloit d'abord exposer cette partie capitale telle qu'elle est conçue dans ce que je vous ai envoyé. Dans les autres Arts, comme l'Architecture, la Peinture, la Sculpture, &c. les goûts ne sont pas les mêmes, & les Maîtres peuvent exceller chacun dans leur genre, & peuvent être également goûtés : on est même naturellement incliné à leur passer certains défauts lorsqu'ils ne dérogent point à la beauté de l'exécution. Mais dans cet Art-ci, où la moindre partie est essentielle, sur-tout en fait d'harmonie, l'oreille ne pardonne rien, pas même un *comma*, que je suppose être de la dixieme partie d'un ton. Il est question à présent de traiter d'autres choses qui sont les diapasons d'épaisseur, de poids & de diametres, parceque c'est là-dessus que l'on regle toutes les mesures des Cloches pour les hauteurs, largeurs, & épaisseurs qu'elles doivent avoir, & que l'on fixe la dépense qu'on y veut faire relativement à ce qu'elles doivent peser. Nous commençons par les épaisseurs de leur bord au moyen d'un diapason « qui doit former des bords, des » épaisseurs si justes, dit le P. Mersenne » Religieux Minime, que l'on n'y pourra » rien ajouter, & que les Fondeurs ne » manqueront jamais à donner de par- » faits accords à toutes les Cloches qu'ils » entreprendront. C'est en supposant avec eux que la plus petite cloche ne pese que vingt-cinq livres sur sept lignes d'épaisseur, que ce grand Harmoniste du dernier siecle, a dressé le diapason ci-après pour des cloches du poids de vingt-cinq livres, au poids de 22276 livres. Comme je crois avoir lû dans ses Ouvrages qu'il veut qu'on s'en tienne aux méthodes qu'il donne, par préférence à ses modeles où l'on ne peut garantir le burin du Graveur, vous ne trouverez pas mauvais, Monsieur, que je vous donne avis que la planche que j'ai tirée d'après lui n'est pas exacte, & que je ne vous la propose qu'afin que le Fondeur voie la maniere d'en exécuter d'autres tels qu'il voudra avec la méthode que je vais expliquer, & où je reprens la Table harmonique, en ne faisant usage que des moindres termes dont elle est composée, parceque je commence par *ut aigu* pour descendre à *ut grave*, & que les moindres termes appartiennent toujours aux plus fortes cloches, tandis que les plus grands termes sont pour les plus petites. Ceci dit une fois pour toutes, il s'ensuit que la seconde majeure ou *si* bemol, en partant d'*ut aigu* doit être plus épaisse en son bord que ne l'est cet *ut* d'une huitieme partie, & la seconde mineure ou *si naturel* d'une neuvieme partie; la *tierce majeure*, en partant toujours d'*ut* aigu, devra être plus épaisse en son bord d'un quart que ne l'est *ut*; la *tierce mineure* d'un cinquieme; la *quarte* d'un tiers; la *quinte* de moitié; la *sixieme majeure* ou *mi bemol*, de deux tiers; la *sixieme mineure* ou *mi-naturel*, de trois cinquiemes; la *septieme majeure* ou *ut dieze*, de sept huitiemes; la *septieme mineure* ou *re*, de quatre cinquiemes de bords plus que *ut aigu*; & enfin *ut grave*, portera le double.

# PREMIER DIAPASON.

## Ut *aigu de* 7 *lignes ou* 84 *secondes.*

COMME le *ſi naturel* eſt plus épais d'un neuvieme que *ut aigu*, qui porte 7 lignes en ſon bord, en ſuivant ſa proportion qui eſt de 10 à 9, & que la neuvieme partie de 7 lignes ou de 84ſ eſt de 9ſ un peu plus (nous mettons 12 ſecondes à la ligne & 10 tierces à la ſeconde); il s'enſuit que le bord marqué *B ſi* doit porter 7 lignes 9 ſecondes un peu plus, tandis que le bord *A ut* ne porte que 7 lignes.

Le *la* ou la *tierce mineure*; comme ſa proportion harmonique eſt de 6 à 5, il doit porter 7 lignes plus le cinquieme de 7l ou de 84 ſecondes, autrement 17ſ qui valent 1l 5ſ, leſquelles ajoutées à 7 lignes donneront 8l 5ſ en *C la*. (Nous marquerons déſormais les lignes par une petite l à côté du chiffre, les ſecondes par une ſ, & les tierces par un t.

Le *ſol* qui eſt la quarte, par rapport à la raiſon de 4 à 3, doit porter 7l plus le tiers de 7l qui eſt de 28ſ, ou 2l 4ſ; ſon épaiſſeur ſera parconſéquent de 9l un tiers ou 4ſ qui ſera l'épaiſſeur de *D ſol*.

L'épaiſſeur du *fa* qui eſt la *quinte* en deſcendant ſera de 10l 6ſ en *A fa*, parcequ'étant en proportion de 3 à 2, il doit être plus épais de moitié que *ut aigu*. (C'eſt ici le *hîc meta* de M. Pluche).

Le bord de la *ſixieme mineure* ou *mi naturel*, eſt en raiſon de 8 à 5 ; c'eſt trois fois le cinquieme de $7^{l}$ ou de $84^{s}$ qui font $51^{s}$ ou $4^{l}\ 3^{s}$, qui jointes à $7^{l}$ donneront $11^{l}\ 3^{s}$ pour ſon bord *B mi*.

Celui de la *ſeptieme mineure* en *C re*, eſt dans la comparaiſon de 9 à 5, & doit porter 4 cinquiemes de plus que *ut aigu* ; or quatre fois le cinquieme de $84^{s}$ ſont de $68^{s}$ ou $5^{l}\ 8^{s}$, qui avec $7^{l}$ feront $12^{l}\ 8^{s}$.

*Ut grave* ſera plus épais que *ut aigu* du double qui eſt de $14^{l}$, par ſa proportion de 2 à 1.

Quand bien même, Monſieur, le diapaſon du P. Merſenne auroit toute l'exactitude requiſe de la part du Graveur, j'y trouverois encore une inſuffiſance, en ce qu'il ne renferme que le genre diatonique pour faire un carillon en ton majeur, & que cependant le genre chromatique pour jouer des airs en ton mineur, ne ſeroit point un hors-d'œuvre. On ſe trouve donc par cette raiſon obligé à donner le tout.

Ainſi le *ſi bemol* aura dans ſon bord $7^{l}$ & 10 à $11^{s}$.

Le *la bemol* ou *ſol dieze* aura dans ſon bord $8^{l}$ trois quarts ou $9^{s}$.

Le *mi bemol* ou *ſixieme majeure* qui ſe

forme de la raiſon de 5 à 3 nous donne deux tiers de $84^{s}$ pour épaiſſeur de bord, leſquels deux tiers font $56^{s}$ ou $4^{l}\ 8^{s}$ leſquels jointes à $7^{l}$ font $11^{l}\ 8^{s}$.

Le *re bemol* ou l'*ut dieze* qui ſe forme de la proportion de 15 à 8, fait trouver $13^{l}\ 1^{s}$ pour ſon épaiſſeur; le huitieme de $84^{s}$ eſt 10. Or 7 fois ce huitieme qui eſt 7 fois 10, donneront $70^{s}$ ou $5^{l}\ 10^{s}$; mais il reſte la fraction $\frac{4}{8}$ : comme une ſeconde contient 10 tierces, je diviſe ces 10 tierces par 8, le quotient eſt 1, que je multiplie par 4, revient 4. Je multiplie enſuite 4 par 7, revient 28 pour derniere quantité; or 28 tierces font $2^{s}\ 8^{t}$, c'eſt tout près de $3^{s}$; donc $7^{l}$ plus $5^{l}\ 10^{s}$ plus $3^{s}$ égalent $13^{l}\ 1^{s}$.

*Nota.* 1°. Comme la diviſion regnera preſque dans toutes les parties de cet Ouvrage, nous aurons ſoin de prendre pour quotient, quand on ne pourra faire autrement, le nombre le plus approchant du dividende, afin d'éviter les petites fractions.

2°. Quant au diapaſon, l'Ouvrier fera bien de le dreſſer ſur un bon parchemin & ſe diſpenſer d'y joindre le poids de ſes Cloches : il les trouvera dans les Tables que je donnerai, on ne parle ici que des épaiſſeurs.

3°. Comme le *ſi mineur* & le *mi mineur* ſont un peu aigres de leur nature, quand on ne voudra que l'octave diatonique composée de huit Cloches, on pourra augmenter la nuance de leurs tons par un rien d'épaisseur prise entre le *si mineur* & le *si majeur*, & pour le *mi* de même; ces deux tons en seront un peu mieux nourris & ne dérangeront en rien l'harmonie.

4°. Mais dans le genre chromatique, où l'octave est de douze Cloches, il faudra nécessairement que le tout soit dans son épaisseur naturelle.

| A | B | C | D |
|---|---|---|---|
| re- 8931 l. | ut- grave 12800 l. | si- 15553 l. | la- 22276 l. |
| la- 2784 l. | sol- 3994 l. | fa 5440 l. | mi- 6553 l. |
| mi- 819 l. | re- 1116 l. | ut- grave 1600 l. | si- 1941 l. |
| si- 242 l. | la- 345 l. | sol- 474 l. | fa 680 l. |
| fa- | mi | re- | ut- grave |
| ut- aigu 25 liv. | si- 30 liv. | la- 43 liv. | sol. 59 liv. |

## CHAPITRE V.

### *Du second diapaſon de l'épaiſſeur du bord des Cloches.*

*Ut* aigu de 8 lignes ou 96 ſecondes.

### PREMIER OCTAVE.

Le *ſi naturel* ou ſeconde mineure en deſcendant d'*ut* aigu eſt en proportion de 10 à 9, ſuivant la Table harmonique; la neuvieme partie de 96ſ eſt de 10, ce ſont dix ſecondes qu'il faut ajouter: mais il reſte 6ſ, qui réduites en tierces donneront la moitié d'une ſeconde. Ainſi 8l + 10ſ $\frac{1}{2}$ = 8l 10ſ $\frac{1}{2}$.

*Nota.* Ce ſigne + eſt la marque de l'addition, & veut dire *plus*; cet autre ſigne = ſignifie le *produit*, & cet autre ſigne × veut dire *multiplié* par le chiffre ſuivant, & eſt le caractere de la multiplication. Je me ſervirai par-tout de ces trois caracteres afin d'abréger, & d'éviter les redites.

Le *ſi bemol*, ou *ſeconde majeure*: il eſt en raiſon de 9 à 8. Je ne fais donc qu'ajouter à *ut aigu* ſa huitieme partie, & j'aurai 9l pour ce ton-ci.

Le *la* ou *tierce mineure* eſt en proportion de 6 à 5. La cinquieme partie de 8l eſt d'abord 1$^{l}$, reſtent enſuite 3$^{l}$ ou 36$^{s}$, dont la cinquieme partie eſt 7$^{s}$ : donc 9$^{l}$ + 7$^{s}$ formeront ici mon épaiſſeur.

Le *ſol* ✻ ou *tierce majeure* qui eſt de 5 à 4, veut que je lui donne le quart de plus qu'à *ut aigu*, c'eſt-à-dire 2$^{l}$ pour faire 10$^{l}$ d'épaiſſeur.

Le *ſol naturel* ou la *quarte* qui eſt de 4 à 3, demande pour ſon épaiſſeur le tiers de plus que la premiere Cloche, c'eſt-à-dire, le tiers de 6$^{l}$ qui eſt 2$^{l}$, plus le tiers de 2$^{l}$ ou de 24$^{s}$ qui eſt 8$^{s}$ : il aura donc pour ſon bord 10$^{l}$ 8$^{s}$ ou deux tiers de ligne.

Le *fa* ou la *quinte* eſt en proportion de 3 à 2, le bord de cette Cloche eſt de moitié plus épais que la premiere, & portera 12$^{l}$.

Le *mi naturel* ou *ſixte mineure* eſt en raiſon de 8 à 5 : la Cloche qui forme ce ton doit parconſéquent porter 57$^{s}$ ou 4$^{l}$ 9$^{s}$, parceque la cinquieme partie de 96 la plus approchante eſt 19, qui, multiplié par 3, donne 57$^{s}$ : donc 8$^{l}$ + 4$^{l}$ + 9$^{s}$ = 12 lignes 9$^{s}$ ou trois quarts de ligne.

Le *mi bemol* ou *ſixte majeure* eſt en proportion de 5 à 3, c'eſt le tiers de 96$^{s}$ pris deux fois, que la Cloche qui eſt pour ſonner ce ton doit avoir pour ſon épaiſſeur. Or les deux tiers de 96 ſont de 64$^{s}$ ou de 5$^{l}$ 4$^{s}$ ; ainſi 8$^{l}$ + 5$^{l}$ + 4$^{s}$ = 13$^{l}$ 4$^{s}$ ou un tiers de ligne.

Le *re* qui eſt la *ſeptieme mineure*, eſt en proportion de 9 à 5 ; le cinquieme de $96^{ſ}$ le plus approchant eſt 19 : & 19 quatre fois répété fait $76^{ſ}$ ou $6^{l}\ 4^{ſ}$, parconſéquent c'eſt pour épaiſſeur $8^{l} + 6^{l} + 4^{ſ} = 14^{l}\ 4^{ſ}$.

La *ſeptieme majeure* ou *ut* ✕, eſt en proportion de 15 à 8, le huitieme de $8^{l}$ eſt $1^{l}$, qui répété ſept fois fait $7^{l}$, c'eſt-à-dire, $8^{l} + 7^{l} = 15^{l}$.

*Ut grave* ou *octave* eſt du double d'*ut aigu*, c'eſt-à-dire, eſt de $16^{l}$.

## SECONDE OCTAVE.

J'ai déja dit, dans le troiſieme Chapitre, que pour trouver les doubles octaves de tons en tons, il ne falloit que doubler les plus grands termes, ſucceſſivement en deſcendant d'*ut* aigu à *ut* grave, tels qu'ils ſe rencontrent dans la Table du Chapitre premier, puiſque d'une octave à l'autre le tout eſt double tant en tons qu'en épaiſſeurs. C'eſt une pratique dont nous nous ſervirons ; mais, pour en faire voir en même tems la juſteſſe, nous calculerons la double octave, qui va ſuivre, ſur la Table harmonique.

Le *ſi naturel* ou *neuvieme mineure* : ſa proportion eſt de 32 à 15, ou bien de 20 à 9, nous prendrons cette derniere pour notre opération, la différence de 9 à 20 eſt 11. Cette différence, ainſi que toutes les autres qui ſe trouveront dans les proportions ci-deſſous, ſerviront à la multiplication. Pour trouver l'épaiſſeur de cette Cloche-ci, je demande en 96$^{ſ}$ combien de fois 9 ? il y eſt dix fois & reſtent 6$^{ſ}$ que je retiens à part ; enſuite je multiplie 10$^{ſ}$ par 11 qui eſt la différence de 9 à 20 ; le produit eſt 110$^{ſ}$, leſquelles diviſées par 12 pour faire des lignes donnent 9$^{l}$, & il reſte 2$^{ſ}$ que je retiens auſſi à part avec les ſix autres ſecondes, ce qui fera 9$^{l}$ 8$^{ſ}$ leſquelles ajoutées aux huit d'*ut* aigu feront 17$^{l}$ 8$^{ſ}$ double du *ſi mineur* de la premiere octave.

Le *ſi bemol* eſt de 9 à 4 ; le quart de 8$^{l}$ eſt 2$^{l}$, qui répété cinq fois, la différence de 9 à 4 étant 5, font 10$^{l}$ ; & avec 8$^{l}$ d'*ut* aigu on aura pour épaiſſeur 18$^{l}$ qui eſt le double juſte du *ſi bemol* de la premiere octave.

Le *la* ou *dixieme mineure* a la proportion de 12 à 5, dont la différence eſt de 7. Or la cinquieme partie de 8$^{l}$ eſt 1 & reſtent 3$^{l}$ de 36$^{ſ}$, dont la cinquieme partie eſt de 7$^{ſ}$ : le tout multiplié par 7 fera 19$^{l}$ 2$^{ſ}$, double d'épaiſſeur de ſon octave aigu.

Le *ſol* ✕ ou *dixieme majeure* eſt de 5 à 2, dont la différence eſt 3 : ſon épaiſſeur ſera de trois fois 4$^{l}$ moitié de 8, qui feront 12$^{l}$, leſquelles miſes à la ſuite des 8$^{l}$

d'*ut* aigu donneront juſte 20$^{l}$, qui feront le double de l'octave aigüe.

Le *ſol naturel* eſt de 8 à 3, la différence eſt 5 : c'eſt donc cinq fois le tiers de 8$^{l}$ qu'il faut pour ſon épaiſſeur, c'eſt-à-dire 13$^{l}$ 4$^{ſ}$, qui jointes aux 8$^{l}$ d'*ut* aigu, donneront 21$^{l}$ 4$^{ſ}$, double juſte de ſon octave.

Le *fa* ou la *douzieme* eſt de 3 à 1 : la différence qui eſt de 2 donnera deux fois 8$^{l}$, qui avec les 8$^{l}$ *d'ut* aigu feront une épaiſſeur de 24$^{l}$ qui ſont le double de *fa aigu*.

Le *mi naturel* ou *treizieme mineure* a ſa proportion de 16 à 5 : la différence entre ces deux termes eſt 11 ; or le cinquieme de 8$^{l}$ eſt 1$^{l}$, reſtent 3$^{l}$ ou 36$^{ſ}$ dont le cinquieme eſt de 7$^{ſ}$, reſte encore 1$^{ſ}$ que je retiens à part. Le tout multiplié par 11 fait 17$^{l}$ 5$^{ſ}$ + 1$^{ſ}$ que j'ai retenue à part : ainſi 17$^{l}$ 6$^{ſ}$ + 8$^{l}$ d'*ut* aigu, c'eſt l'épaiſſeur que je donne à ma Cloche, qui ſera de 25$^{l}$ & ½ double de ſon octave.

Le *mi bemol* ou *treizieme majeure* eſt en proportion de 10 à 3 : la différence qui eſt de 7 exprime qu'il faut joindre avec 8$^{l}$ d'*ut* aigu, ſept fois le tiers de ce même *ut* : or le tiers de 6$^{l}$ eſt 2$^{l}$, & le tiers de 2$^{l}$ eſt 8$^{ſ}$ : le tout multiplié par 7 fait la quantité de 18$^{l}$ 8$^{ſ}$, laquelle jointe aux 8$^{l}$ d'*ut* aigu, fait l'épaiſſeur que je cherche 26$^{l}$ 8$^{ſ}$, juſte double de ſon octave.

Le *re naturel* ou *quatorzieme mineure* eſt en raiſon de 18 à 5, dont la différence eſt 13 pour multiplicateur ; le cinquieme de 8l eſt 1l, reſtent 3l qui valent 36ſ, dont la cinquieme partie eſt 7ſ; reſte encore 1ſ que je réſerve à part : le tout multiplié par 13 donne 20l 7ſ + 1ſ que j'ai retenue = 20l 8ſ, leſquelles ajoutées aux 8l d'*ut* aigu donnent pour épaiſſeur 28l 8ſ double juſte de ſon octave.

*Ut dieze* ou *quatorzieme majeure* eſt en raiſon de 15 à 4 ; la différence de ces deux termes qui eſt 11 ſervira de multiplicateur : or le quart de 8l eſt 2l, leſquelles multipliées par 11, en y joignant les 8l d'*ut* aigu donneront le bord de 30l, qui eſt le double de ſon octave.

*Ut grave* eſt en raiſon de 4 à 1 : la différence qui eſt 3, dénote qu'il faut donner à l'*ut* aigu trois fois ſon épaiſſeur en ſus qui font 32l qui eſt double de ſon octave.

# CHAPITRE VI.

## *Tables des Diapasons tout calculés.*

### Sur un UT aigu de 9 lignes.

| Cloches, | Lignes. | Secondes, | Tierces. |
|---|---|---|---|
| Ut | 9 | . | . |
| si | 10 | . | . |
| si ♮ | 10 | 1 | 5 |
| la | 10 | 9 | 6 |
| sol ✕ | 11 | 3 | . |
| sol | 12 | . | . |
| fa | 13 | 6 | . |
| mi | 14 | 4 | 8 |
| mi ♮ | 15 | . | . |
| re | 16 | 2 | 4 |
| ut ✕ | 16 | 10 | 5 |
| ut grave | 18 | . | . |

### *Double Octave.*

| Cloches, | Lignes, | Secondes, | Tierces. |
|---|---|---|---|
| Ut aigu | 18 | . | . |
| si | 20 | . | . |
| si ♮ | 20 | 3 | . |
| la | 21 | 7 | 2 |
| sol ✕ | 22 | 6 | . |
| sol | 24 | . | . |
| fa | 27 | . | . |
| mi | 28 | 9 | 6 |
| mi ♮ | 30 | . | . |
| re | 32 | 4 | 8 |
| ut ✕ | 33 | 9 | . |
| ut grave | 36 | . | . |

## Sur un Ut aigu de 10 lignes.

| Cloches, | Lignes, | Secondes, | Tierces. |
|---|---|---|---|
| Ut | 10 | | |
| si | 11 | 1 | 3 |
| si ♭ | 11 | 3 | |
| la | 12 | | |
| sol ✕ | 12 | 6 | |
| sol | 13 | 4 | |
| fa | 15 | | |
| mi | 16 | | |
| mi ♭ | 16 | 8 | |
| re | 18 | | |
| ut ✕ | 18 | 9 | |
| ut grave | 20 | | |

## *Double Octave.*

| Cloches, | Lignes, | Secondes, | Tierces. |
|---|---|---|---|
| Ut aigu | 20 | | |
| si | 22 | 2 | 6 |
| si ♭ | 22 | 6 | |
| la | 24 | | |
| sol ✕ | 25 | | |
| sol | 26 | 8 | |
| fa | 30 | | |
| mi | 32 | | |
| mi ♭ | 33 | 4 | |
| re | 36 | | |
| ut ✕ | 37 | 6 | |
| ut grave | 40 | | |

sur

## Sur un Ut aigu de 11 lignes.

| Cloches, | Lignes, | Secondes, | Tierces. |
|---|---|---|---|
| Ut aigu | 11 | | |
| si | 12 | 2 | 6 à 7 |
| si ♭ | 12 | 4 | 5 |
| la | 13 | 2 | 4 |
| sol ♯ | 13 | 9 | |
| sol | 14 | 8 | |
| fa | 16 | 6 | |
| mi | 17 | 7 | 2 |
| mi ♭ | 18 | 4 | |
| re | 19 | 9 | 6 |
| ut ♯ | 20 | 7 | 5 |
| ut grave | 22 | | |

## *Double Octave.*

| Cloches, | Lignes, | Secondes, | Tierces. |
|---|---|---|---|
| Ut | 22 | | |
| si | 24 | 5 | 4 |
| si ♭ | 24 | 9 | |
| la | 26 | 4 | 8 |
| sol ♯ | 27 | 6 | |
| sol | 29 | 4 | |
| fa | 33 | | |
| mi | 35 | 2 | 4 |
| mi ♭ | 36 | 8 | |
| re | 39 | 7 | 2 |
| ut ♯ | 41 | 3 | |
| ut | 44 | | |

## Sur un Ut aigu de 12 lignes.

| Cloches, | Lignes, | Secondes, | Tierces. |
|---|---|---|---|
| Ut aigu | 12 | | |
| si | 13 | 4 | |
| si ♭ | 13 | 6 | |
| la | 14 | 4 | 8 |
| sol × | 15 | | |
| sol | 16 | | |
| fa | 18 | | |
| mi | 19 | 2 | 4 |
| mi ♭ | 20 | | |
| re | 21 | 7 | 2 |
| ut × | 22 | 6 | |
| ut grave | 24 | | |

## *Double Octave.*

| Cloches, | Lignes, | Secondes. | Tierces. |
|---|---|---|---|
| Ut | 24 | | |
| si | 26 | 8 | |
| si ♭ | 27 | | |
| la | 28 | 9 | 6 |
| sol × | 30 | | |
| sol | 32 | | |
| fa | 36 | | |
| mi | 38 | 4 | 8 |
| mi ♭ | 40 | | |
| re | 43 | 2 | 4 |
| ut × | 45 | | |
| ut | 48 | | |

## Sur un Ut aigu de 13 lignes.

| Cloche, | Lignes | Secondes, | Tierces. |
|---|---|---|---|
| Ut aigu | 13 | | |
| si | 14 | 5 | 3 |
| si ♭ | 14 | 7 | 5 |
| la | 15 | 7 | 2 |
| sol ♯ | 16 | 3 | |
| sol | 17 | 4 | |
| fa | 19 | 6 | |
| mi | 20 | 9 | 6 |
| mi ♭ | 21 | 8 | |
| re | 23 | 4 | 8 |
| ut ♯ | 24 | 4 | 5 |
| ut grave | 26 | | |

## *Double Octave.*

| Cloche, | Lignes, | Secondes, | Tierces. |
|---|---|---|---|
| Ut aigu | 26 | | |
| si | 28 | 10 | 6 |
| si ♭ | 29 | 3 | |
| la | 31 | 2 | 4 |
| sol ♯ | 32 | 6 | |
| sol | 34 | 8 | |
| fa | 39 | | |
| mi | 41 | 7 | 2 |
| mi ♭ | 43 | 4 | 6 |
| re | 46 | 9 | 6 |
| ut ♯ | 48 | 9 | |
| ut | 52 | | |

## Sur un Ut aigu de 14 lignes.

| Cloche, | Lignes, | Secondes, | Tierces. |
|---|---|---|---|
| Ut aigu | 14 | | |
| si | 15 | 6 | 7 |
| si ♭ | 15 | 9 | |
| la | 16 | 9 | 6 |
| sol ✕ | 17 | 6 | |
| sol | 18 | 8 | |
| fa | 21 | | |
| mi | 22 | 4 | 8 |
| mi ♭ | 23 | 4 | |
| re | 25 | 2 | 4 |
| ut ✕ | 26 | 3 | |
| ut | 28 | | |

## *Double Octave.*

| Cloche, | Lignes, | Secondes, | Tierces. |
|---|---|---|---|
| Ut aigu | 28 | | |
| si | 31 | 1 | 2 |
| si ♭ | 31 | 6 | |
| la | 33 | 7 | 2 |
| sol ✕ | 35 | | |
| sol | 37 | 4 | |
| fa | 42 | | |
| mi | 44 | 5 | 4 |
| mi ♭ | 46 | 8 | |
| re | 50 | 4 | 8 |
| ut ✕ | 52 | 6 | |
| ut | 56 | | |

## Sur un Ut aigu de 15 lignes.

| Cloche, | Lignes, | Secondes, | Tierces. |
|---|---|---|---|
| Ut aigu | 15 | | |
| si | 16 | 8 | |
| si ♮ | 16 | 10 | 5 |
| la | 18 | | |
| sol ✕ | 18 | 9 | |
| sol | 20 | | |
| fa | 22 | 6 | |
| mi | 24 | | |
| mi ♮ | 25 | | |
| re | 27 | | |
| ut ✕ | 28 | 1 | 5 |
| ut | 30 | | |

## *Double Octave.*

| Cloche, | Lignes, | Secondes, |
|---|---|---|
| Ut aigu | 30 | |
| si | 33 | 4 |
| si ♮ | 33 | 9 |
| la | 36 | |
| sol ✕ | 37 | 6 |
| sol | 40 | |
| fa | 45 | |
| mi | 48 | |
| mi ♮ | 50 | |
| re | 54 | |
| ut ✕ | 56 | 3 |
| ut | 60 | |

## Sur un Ut aigu de 16 lignes.

| Cloche, | Lignes, | Secondes, | Tierces. |
|---|---|---|---|
| Ut aigu | 16 | | |
| si | 17 | 9 | 3 |
| si ♭ | 18 | | |
| la | 19 | 2 | 4 |
| sol ✕ | 20 | | |
| sol | 21 | | |
| fa | 24 | | |
| mi | 25 | 7 | 5 |
| mi ♭ | 26 | 8 | |
| re | 28 | 10 | |
| ut ✕ | 30 | | |
| ut | 32 | | |

## *Double Octave.*

| Cloche, | Lignes, | Secondes, | Tierces. |
|---|---|---|---|
| Ut aigu | 32 | | |
| si | 35 | 6 | 6 |
| si ♭ | 36 | | |
| la | 38 | 4 | 8 |
| sol ✕ | 40 | | |
| sol | 42 | 8 | |
| fa | 48 | | |
| mi | 51 | 3 | |
| mi ♭ | 53 | 4 | |
| re | 57 | 8 | |
| ut ✕ | 60 | | |
| ut | 64 | | |

## Sur un Ut aigu de 17 lignes.

| Cloches, | Lignes, | Secondes, | Tierces. |
|---|---|---|---|
| Ut | 17 | | |
| si | 18 | 10 | 6 à 7 |
| si ♮ | 19 | 1 | 5 |
| la | 20 | 4 | 8 |
| sol × | 21 | 3 | |
| sol | 22 | 8 | |
| fa | 25 | 6 | |
| mi | 27 | 2 | 4 |
| mi ♮ | 28 | 4 | |
| re | 30 | 7 | 2 |
| ut × | 31 | 10 | 5 |
| ut grave | 34 | | |

## *Double Octave.*

| Cloches, | Lignes, | Secondes, | Tierces. |
|---|---|---|---|
| Ut aigu | 34 | | |
| si | 36 | 11 | 4 |
| si ♮ | 38 | 3 | |
| la | 40 | 9 | 6 |
| sol × | 42 | 6 | |
| sol | 45 | 4 | |
| fa | 51 | | |
| mi | 54 | 4 | 8 |
| mi ♮ | 56 | 8 | |
| re | 61 | 2 | 4 |
| ut × | 63 | 9 | |
| ut grave | 68 | | |

Quand l'ouvrier voudra avoir des Vaisseaux de plus forts calibres, il n'aura qu'à prendre ce dernier *ut* qui est de 68 sec. & en faire son *ut* aigu, pour calculer de Cloche en Cloche, tant qu'il jugera à propos, à l'aide de la premiere colomne de la Table harmonique : il se dispensera d'y ajouter une double octave, qui seroit trop forte.

Tout ce que j'ai dit jusqu'ici, ne convient que pour des Cloches dont les bords contiennent des pouces ou des lignes sans fractions; mais voici une méthode courte & abregée pour de vieilles Cloches à refondre qui auroient dans leurs bords des demi-lignes, des tiers, des quarts de lignes.

Cette Méthode consiste d'abord à tracer 12 lignes perpendiculaires aux deux lignes A, B, C, D, & paralleles entre elles, lesquelles représentent toutes le bord d'*ut* aigu dans son épaisseur.

Ensuite de quoi, pour trouver les épaisseurs des 11 autres Cloches, il faut diviser toutes ces perpendiculaires en la maniere qui suit.

1°. On divise la ligne E 2, en 9 parties égales, dont une partie étant abaissée sur la ligne sourde 2 *si*, formera 10 parties contre 9, & en même-tems la proportion de 10 à 9, qui est celle du *si*, seconde mineure.

2°. La ligne F 3, se divise en 8 parties égales, dont l'une étant portée du point 3, au point *si* bemol, donnera 9 parties contre 8, & tout à la fois la proportion de 9 à 8, qui est celle de la seconde majeure.

3°. La perpendiculaire G 4, se divise en 5 parties, dont l'une étant portée sur la ligne sourde du point 4 au point *la*, donnera l'épaisseur allongée de 6 parties au lieu de 5, & formera dès-là même la raison de 6 à 5, qui appartient à *la* tierce mineure.

4°. La parallele H 5, étant partagée en 4 parties, & l'une de ces parties étant abaissée du point 5 au point *sol* dieze, donnera une épaisseur de bord qui portera 5 pour 4, & qui dès-lors formera la raison de 5 à 4, qui est celle de la tierce majeure ou *sol* dieze.

5°. La ligne I 6, sera divisée en 3; un troisieme sera piqué du point 6 au point *sol*, ce qui donnera 4 parties pour 3 au *sol* naturel, & pour lors la proportion de 4 à 3 qui est celle de la quarte.

6°. On divise k 7 en 2, dont moitié étant abaissée du point 7 en *fa*, l'on aura 3 moitiés pour 2, & la raison par conséquent de 3 à 2 pour la quinte.

7°. Pour avoir l'épaisseur du *mi* naturel, on partage en 5 parties égales la ligne

L 8, ou plutôt on prend une ouverture de compas des points 4 & *la* (ligne 4e) que l'on porte 3 fois du point 8 au point *mi*, ce qui fera 8 parties, au lieu de 5; & en même-tems la raiſon de 8 à 5 pour la ſixieme mineure.

8°. Quant au *mi* bemol, on diviſe en 3 la ligne M 9; & ſans changer l'ouverture du compas, on la porte 2 fois du point 9 au point *mi* bemol, pour avoir l'épaiſſeur de cette Cloche, & la proportion de 5 à 3, pour la ſixieme majeure.

9°. Pour ce qui concerne le *re* on partage en 5 parties la ligne N 10, ou plutôt l'on prend au compas l'ouverture de 4 en *la*, que l'on porte enſuite 4 fois du point 10 au point *re*, ce qui donne 9 parties au lieu de 5, & la raiſon de 9 à 5 pour le *re*, ſeptieme mineure.

10°. Nous voici à l'épaiſſeur de l'*ut* dieze : on diviſe en 8 la ligne O 11, & l'on abaiſſe 7 fois l'ouverture de ſon compas du point 11 au point *ut* dieze, ce qui donne 15 parties contre 8, & la proportion de 15 à 8 pour la ſeptieme majeure.

11°. *Ut* grave B D *ut*, eſt double de la ligne de *ut* aigu A, C.

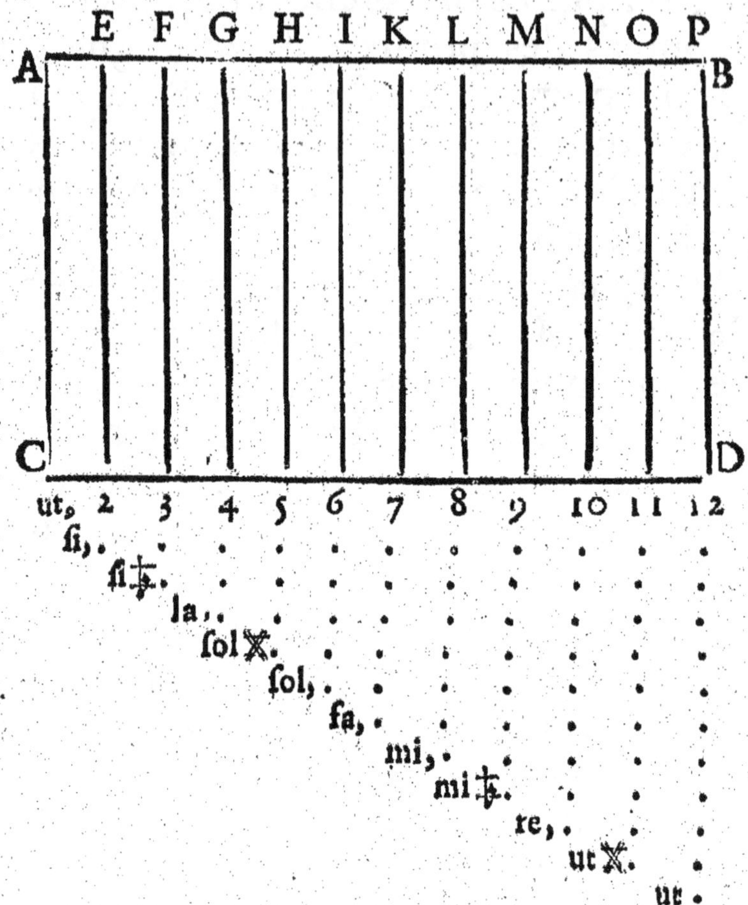


Ici, l'on découvre que cette échelle, quoiqu'elle paroiſſe de pur méchaniſme, eſt néanmoins autant théorique que pratique, puiſqu'elle eſt fondée ſur les principes invariables de l'harmonie.

Les points A *ut*, E *ſi*, F *ſi* bemol, G *la*, H *ſol* dieze, I *ſol*, K *fa*, L *mi*, M *mi* bemol, N *re*, O *ut* dieze, P *ut* font l'étendue des épaiſſeurs d'une octave composée de 12 Cloches.

## CHAPITRE VII.

### *Nouveaux éclairciſſemens pour la pratique touchant les épaiſſeurs des Cloches.*

LES regles que nous avons établies juſqu'ici pour la juſteſſe des bords ou épaiſſeurs de Cloches ſont ſi ſûres, qu'il n'en faudroit point d'autres; cependant, après avoir fixé le diametre de ces mêmes Cloches ſur ces mêmes bords, nous nous propoſons dans ce Chapitre, de donner de nouveaux éclairciſſemens de pure pratique en faveur de l'Artiſte touchant ces mêmes épaiſſeurs. Et d'abord je ſaiſis l'idée du Pere Merſenne, qui eſt d'évaluer à 180 parties égales le diametre d'*ut* grave & à 90 celui d'*ut* aigu; à 162 parties le diametre du *re*, & à 144 celui du *mi*; à 135 celui du *fa*, & celui du *ſol* à 120; enfin, à 108 parties le diametre du *la*, & à 96 celui du *ſi*. Mais, comme nous voulons connoître les choſes à fond, nous cherchons une démonſtration de parité entre les regles de l'harmonie & cette évaluation; & nous croyons l'avoir trouvée.

Il eſt bon ſeulement d'avertir nos Lecteurs, que l'uſage que nous faiſons ici de ces Regles harmoniques, est inverse de celui que nous en avons fait pour trouver nos épaisseurs; c'est-à-dire, que nous renversons la Table des proportions harmoniques, *Chap. premier*, sens dessus dessous, comme il est aisé de le voir à la Table qui suit.

*Octave de 8 Cloches.*

| | ut, grave | re, | mi, | fa, | sol, | la, | si, | ut, aigu |
|---|---|---|---|---|---|---|---|---|
| Nombres harmoniques. | 10 à 9, | 5 à 4, | 4 à 3, | 3 à 2, | 5 à 3, | 15 à 8, | 2 à 1 | |
| Evaluation. | 180, | 162, | 144, | 135, | 120, | 108, | 96, | 90, |

*Preuve de parité.*

Elle consiste à établir d'abord pour premier & troisieme termes les deux nombres harmoniques de chaque ton l'un après l'autre, & à trouver ensuite pour second & moyen terme, un troisieme nombre, qui étant replié, par exemple, 10 fois sur le numero 180, puisse se replier 9 fois sur un autre nombre qui sera le quatrieme terme & la somme que l'on cherche : *Ut* grave, selon la supposition, a pour son diametre une ligne composée de 180 parties, & *ut* aigu une ligne qui n'est composée que de moitié, c'est-à-dire, de 90 parties.

Venons au fait pour les six autres diametres.

On demande le diametre du *re*. Voici ce qu'il faut : on jette les yeux sur les nombres harmoniques ci-dessus, 10 à 9, qui appartiennent à ce ton ; & l'on dit : 9 est au nombre cherché ce que 10 est à 180 : or 10 se replie 18 fois sur 180, puisque 18 fois 10 remplissent ce nombre ; donc 9 replié 18 fois sur 162 font le n° que l'on cherche, puisque 9 fois 18 remplissent ce nombre, qui est juste celui de l'évaluation en *re* ci-dessus.

Le *mi* a 5 pour premier terme & 4 pour le troisieme ; le second terme est celui dont on dit : 4 est au nombre inconnu que l'on cherche, comme 5 est à 180 ; & c'est ce nombre qui, dès qu'il sera connu & qu'il sera multiplié par 4, donnera l'étendue du diametre : or 5 est 36 fois en 180, & 36 multiplié par 4, donne 144 qui est le numero, & le diametre du *mi*. Voyez l'Évaluation.

*Fa* a pour premier terme le nombre 4 & 3 pour le troisieme. Le terme moyen ou terme de rapport est 45, puisque 4 fois 45 égalent 180; donc 135 sera le numero cherché pour le diametre de ce ton, puisque 3 fois 45 font 135.

Le *sol* a 3 pour premier terme & 2 pour le troisieme; le terme de combinaison sera 60, car 3 fois 60 égalent 180, & 2 fois 60 égalent 120, qui est l'étendue de son diametre.

Le premier terme du *la* est 5 & le troisieme est 3; le second est 36, puisque 5 fois 36 égalent 180, & le quatrieme terme que l'on desire est le numero 108, parceque 3 fois 36 = 108.

Le premier terme du *si* est 15 & le troisieme est 8: le second sera 12, car 12 fois 15 = 180, & le quatrieme terme sera 96, car 8 fois 12 = 96. On peut aller jusqu'à 97 afin que le *si* ne soit point si aigu.

Cette combinaison géométrique fait sentir au doigt la plus exacte parité qui se trouve entre les nombres ou regles de l'harmonie, & l'évaluation du P. Mersenne. Ceci démontré passons à la pratique.

## *Echelle ou Diapason.*

On trouvera ici une Méthode autant expéditive que curieuse, qui donnera tout à la fois les gros bords qu'on nomme épaisseurs, les diametres, & les parties de bords de toute une octave qui servent à construire les 13 échantillons. Un seul diapason suffit : l'Artiste en fera tant qu'il voudra.

## *Division du grand diametre.*

Il lui faut une planche bien lisse qui puisse contenir à l'aise une ligne de 15 fois l'épaisseur du gros bord de son *ut* grave, soit qu'il ait à fondre en vieux ou en neuf. Il partage la longueur de cette ligne en 4 parties exactement justes, & écrit à côté de chaque division les numeros 45, 90, 135 & 180 en descendant : cela fait, il divise chacune de ces portions de ligne par 3 qu'il numerote par les chiffres 15, 30, 60, 75, 105, 120, 150 & 165 ; après quoi il redivise le tout par 5, & & fait les numeros 5, 10, 20, 25, 35, 40, 50, 55, &c. jusqu'au bout ; enfin il choisit en haut de sa ligne une ou deux de ses dernieres divisions qu'il partage par 5 afin d'avoir des unités.

*Détermination*

## *Détermination de tous les Diametres.*

Toute l'opération faite, il écrit son *ut* aigu à côté du n° 90 ; son *ut* grave à côté du n° 180; son *fa* vis-à-vis du n° 135, son *sol* vis-à-vis du n° 120, & *si* bemol au n° 100 : voilà déja cinq cloches numerotées pour leur diametre. Pour trouver le diametre des autres, il faut qu'il recourre aux unités : il prend au compas l'une de ces unités qu'il diminue sur le n° 145 pour avoir la place du *mi* au n° 144 ; il diminue de même le n° 150 d'une unité pour avoir *mi* bemol au n° 149 ; mais il ajoute une unité au n° 125 pour placer son *fa* dieze au n° 126 : son compas ensuite étant ouvert de deux unités, il les porte du n° 95 à celui de 97 pour son *si*; du n° 110 à 112 pour le *sol* dieze; du n° 160 à 162 pour son *re*, & du n° 170 à celui de 172 pour son *ut* dieze : pour le *la*, il ouvre son compas de trois unités qu'il porte du n° 105 au n° 108. Tout est fini pour les 13 diametres, car A 90, A 97, A 100, A 108, A 112, A 120, A 126, A 135, A 144, A 149, A 162, A 172, & A 180 constituent leur étendue. Il aura soin d'écrire tous les tons proche des numeros.

## *Echelle pour les bords d'une octave de 13 Cloches.*

Il est question à present d'avoir tous les gros bords d'une octave de 13 Cloches ; & cela sera bientôt fait. Je trace un trait à l'équerre sur mon numero 180 qui figure l'épaisseur ou gros bord de ma maîtresse cloche ; j'en trace un autre aussi à l'équerre, qui ne porte que moitié de celui-là sur mon n° 90, qui est pour le gros bord de ma plus petite des 13 cloches ; après quoi des points 90 & 180, je tire à la regle la ligne diagonale A C B, & c'est cette diagonale, qui conjointement avec ma ligne divisée en diametres, doit fixer toutes mes épaisseurs de bords ; de sorte que les numeros 97, 100, 108, 112, 120, 126, 135, 144, 149, 162, & 172 mis & tracés à l'équerre, doivent faire mes vraies épaisseurs entre ces deux lignes aux points d'incidence de ces mêmes numeros sur les deux lignes.

Si l'on veut se donner le plaisir de confronter les lignes qui sont en équerre sur *a*, *c*, & qui ont leurs parties retranchées en *b*, *d*, avec les traits correspondans 120, 135, 144, & 162, l'on trouvera que le tout est exactement juste. On trouvera la même justesse si l'on confronte de même les lignes ponctuées *g*, *h*, les traits qui sont ajoutées en équerre sur *e*, *f*, avec les traits correspondans des numeros 97, 100, 108, 112, 149 & 172.

On jugera à l'inspection des lignes qui sont à main droite, que l'*ut* grave se divise en 10 parties, dont on n'en donne que neuf au *re* pour faire l'épaisseur de son bord ; qu'étant divisé en 5 parties, on n'en donne que 4 pour le bord du *mi* ; qu'étant divisé en 4, il se réduit à 3 pour le bord du *fa*, & qu'enfin divisé en 3 il se réduit à 2 pour celui du *sol*. Mais il faut ici démontrer que ces soustractions faites sur l'épaisseur de *ut* grave sont dans la plus grande des exactitudes. Supposons pour cela que l'épaisseur ou gros bord de *ut* aigu porte 20 lignes, & *ut* grave 40 lignes : il s'agit de faire voir que retrancher d'une part la dixieme partie d'*ut* grave pour avoir le *re*, la cinquieme partie pour avoir le *mi*, le quart pour avoir le *fa*, & le tiers pour avoir le *sol* ; ou qu'augmenter d'autre part *ut* aigu de quatre fois son cinquieme pour le *re*, de 3 fois son cinquieme pour le *mi*, de sa moitié pour le *fa*, & de son tiers pour le *sol*, cela équivaut & revient au même. *Voyez* la Table harmonique, Chap. I.

Dans la supposition présente *ut* aigu

porte 20 lignes d'épaiſſeur, & *ut* grave 40 lignes. Or, la cinquieme partie de 20 lignes eſt 4, qui répété 4 fois fait 16 lignes : ajoutez ces 16 lignes à 20 lignes = 36 lignes ; voilà pour la partie d'addition : Venant enſuite à la partie de ſouſtraction, retranchez le dixieme de 40 lignes qui eſt 4, reſteront également 36 lignes, c'eſt pour le *re*. Trois fois le cinquieme des 20 lignes d'*ut* aigu ſont 12 lignes, qui ajoutées à 20 = 32 lignes, c'eſt auſſi la partie d'addition : retranchez en même-tems le cinquieme de 40 lignes d'*ut* grave, cela ne fera-t-il pas également 32 lignes pour le *mi*.

Paſſant au *fa*, ajoutez-lui moitié de 20 lignes, cela fera 30 lignes ; diminuez le quart de 40 lignes cela fera auſſi 30 lignes. Enfin arrivé au *ſol*, augmentez-le du tiers de 20 lig. il aura pour ſon épaiſſeur 26 lignes $\frac{2}{3}$ : diminuez au contraire le tiers de 40 lignes, qui eſt de 13 lignes $\frac{1}{3}$, cela ne fera-t-il pas également 26 lignes $\frac{2}{3}$. C'eſt ce qui étoit à démontrer.

Lors donc qu'on ne demandera au Fondeur que 2, 3, 4, ou 5 Cloches à l'accord, il pourra, pour abreger, prendre ſes dimenſions ſur *ut* grave, au lieu de les prendre ſur l'*ut* aigu, c'eſt-à-dire, diminuer ſon *ut* grave d'une dixieme partie, pour le bord de ſon *re* ; d'un cinquieme pour avoir le bord de son *mi*; d'un quart pour avoir le bord du *fa*, enfin diminuer son *ut* d'un tiers de son épaisseur pour avoir celle de sa cinquieme Cloche en *sol*.

Il arrive quelquefois que l'on demande une octave composée de 8 Cloches : dans ce cas, par la Méthode que je viens de donner, le Fondeur tient déja les épaisseurs de *ut*, *re*, *mi*, *fa*, *sol*, & de son *ut* aigu qui n'est que de moitié d'*ut* grave : il n'est donc plus question que du *si* & du *la*; mais comme la voie de la soustraction à faire sur *ut* grave seroit trop embarrassante à cause des fractions, il faut qu'il s'en tienne à ce que nous avons deja dit, qui est de donner à son *si* la neuvieme partie prise au compas de plus qu'à son *ut* aigu, pour faire 10 parties contre 9, & la cinquieme partie de plus pour en faire 6 contre 5 à son *la*; & le tout sera fait, sans qu'il se gêne à supputer par lignes, à moins qu'il ne soit obligé de fournir le métal, ou qu'on ne lui demande un état de ce qu'il en doit entrer dans la fonte; car dans ce cas, il faudroit qu'il comptât par lignes & qu'il eût recours aux tables des lignes, cubes & poids, telles que nous les donnons.

J'en dis autant des diezes & des bemols, qu'il doit tirer de la table des proportions harmoniques, ou de l'échelle que je viens d'expliquer. Par cette table, il faut divifer en 8 parties l'épaiffeur d'*ut* aigu, & donner ces 8 parties, plus une au *fi* bemol; enfuite on divife cette même épaiffeur d'*ut* aigu en 4 parties, dont une étant ajoutée de plus, fera le *fol* dieze. Que l'on partage enfuite ce même *ut* en 3 parties, & que l'on y en ajoute deux autres, elles feront le bord du *mi* bemol. Nous avons déja le bord d'*ut* partagé en 8, que l'on y ajoute 7 de ces huitiemes, elles feront 15 divifions ou parties contre 8, & donneront le bord d'*ut* dieze.

Mais comme toutes les Cloches ne fe font point en 15, c'eft-à-dire, qu'elles ne portent pas toutes 15 bords dans leurs diametres, contre l'opinion des Fondeurs, le plus court & le plus fûr eft de dreffer une échelle toutes les fois que l'on aura à fondre.

### *Parties de bords.*

Après nous être expliqué fur les diametres & fur les épaiffeurs, il ne nous refte plus qu'à donner & marquer fur ces épaiffeurs toutes les parties de bords qui leur conviennent pour former leurs échantillons, ce qui eft très facile.

Il faut pour cela que l'on partage en 2

l'épaisseur B 180, & celle de C 90 : on tire une ligne par ces deux points de division, ce qui donne tous les demi-bords d'un seul trait. On partage ensuite en deux l'une de ces moitiés qui se trouve en B & en C, & par ces deux points de division on a les quarts de bords : l'autre moitié de bord de B & de C, à main gauche, se partage en trois, pour avoir les tiers & demi-tiers de bords : enfin on cherche la quinzieme partie du bord de B & de C, aussi à gauche, & une ligne portée sur les 2 points de division donnera les quinziemes de bords tout de suite & d'un seul trait, & l'échelle sera faite.

N. B. Pour se procurer ces divisions avec une grande justesse, trois points valent mieux que deux : il est donc à propos de diviser un troisieme bord, par exemple le bord du *fa*, comme on a fait au bord des deux *ut*, & de ne point tracer de lignes, qu'on ne voie à la regle, que les trois points sont dans un juste vis-à-vis.

Au moyen de cette Echelle de diapason, qu'aucun Fondeur n'a point encore imaginé, il ne faut ni brochette ni fausse brochette : il ne faut à l'Ouvrier que son compas, sa regle & son équerre ; tout est tracé sur sa planche.

De B en C, la ligne C est pour les

quart de bords : de B en D, la ligne D donne les demi-bords ; de E en H la ligne H donne les demi-tiers de bords ; de G en E la ligne E donne les tiers de bords ; & de G en F la ligne F fait les quinziemes de bords : soit dit pour l'octave complette de 13 Cloches, ainsi que l'Echelle les porte.

# CHAPITRE VIII.

## *Table des épaisseurs, des cubes & des poids pour tous les* ut *aigus &* ut *graves, &c. pour combiner la dépense du métal.*

Lorsqu'un Fondeur est assuré de tous ses bords & de tous ses diametres, il est naturel qu'il sache combiner la dépense où jette la quantité du métal qui doit entrer dans sa fonte, par la connoissance de la force & du poids de toutes ses Cloches, connoissance qu'il n'aura que par leurs cubes & par la regle de Trois; car ce n'est qu'en triplant ou en cubant la raison des bords, qu'on peut être sûr de trouver la raison des pesanteurs.

Je suppose qu'il est au fait de tirer les cubes de tous les nombres radicaux qui sont exposés dans la Table des proportions harmoniques, & de faire sa regle de Trois: cependant comme il pourroit ignorer cette sorte de connoissance, je vais lui expliquer ma façon de m'y prendre. Mais auparavant il faut lui mettre sous les yeux la Table ci-jointe des épaisseurs, des cubes & poids, pour tous les *ut* aigus & *ut* graves, depuis 7 jusqu'à 80 lignes.

# N°. 1.

| Lignes, Epaisseurs ou Racines. | Cubes. | Livres. | Fractions. |
|---|---|---|---|
| VII. | 343 | 25 | |
| 14 | 2744 | 200 | |
| 28 | 21952 | 1600 | |
| 56 | 175616 | 12800 | |
| VIII. | 512 | 37 | $\frac{1}{3}$ |
| 16 | 4096 | 298 | $\frac{1}{2}$ |
| 32 | 32768 | 2386 | |
| 64 | 262144 | 19048 | |
| IX. | 729 | 53 | $\frac{1}{16}$ |
| 18 | 5832 | 424 | 1/[illegible] |
| 36 | 46656 | 3393 | |
| 72 | 373248 | 27144 | |

Jusques ici sont les *ut* aigus & *ut* graves de trois octaves.

| | | | |
|---|---|---|---|
| X. | 1000 | 72 | 14 onces. |
| 20 | 8000 | 583 | |
| 40 | 64000 | 4664 | |
| XI. | 1331 | 97 | $\frac{4}{343}$ |
| 22 | 10648 | 776 | |
| 44 | 85184 | 6208 | |
| XII. | 1728 | 125 | 15 onces. |
| 24 | 13824 | 1007 | |
| 48 | 110592 | 8056 | |

| Lignes, Epaisseurs ou Racines. | Cubes. | Livres. | Fractions. |
|---|---|---|---|
| XIII. | 2197 | 162 | 1/8 |
| 26 | 17576 | 1297 | |
| 52 | 140608 | 10376 | |
| XV. | 3375 | 246 | |
| 30 | 27000 | 1968 | |
| 60 | 216000 | 15744 | |
| XVII. | 4913 | 357 | 13 onces. |
| 34 | 39304 | 2862 | |
| 68 | 314432 | 22896 | |
| XIX. | 6859 | 499 | 14 onces. |
| 38 | 54872 | 3999 | |
| 76 | 438975 | 31992 | |

Jusques ici pour deux octaves.

| Lignes, Epaisseurs ou Racines. | Cubes. | Livres. | Fractions. |
|---|---|---|---|
| XXI. | 9261 | 675 | |
| 42 | 74088 | 5400 | |
| XXIII. | 12167 | 886 | 12 onces. |
| 46 | 97336 | 7097 | |
| XXV. | 15625 | 1138 | 12 onces. |
| 50 | 125000 | 9110 | |
| XXVII. | 19683 | 1434 | 9 onces. |
| 54 | 157464 | 11476 | |

| Lignes, Epaisseurs ou Racines. | Cubes. | Lignes. | Fractions. |
|---|---|---|---|
| XXIX. | 24389 | 1777 | $\frac{2}{3}$ |
| 58 | 195112 | 14221 | |
| XXXI. | 29791 | 2171 | $\frac{1}{3}$ |
| 62 | 238328 | 17370 | |
| XXXIII. | 35937 | 2619 | 5 onces. |
| 66 | 287496 | 20954 | |
| XXXV. | 42875 | 3124 | $\frac{1}{8}$ |
| 70 | 343000 | 24993 | |
| XXXVII. | 50653 | 3691 | 14 onces. |
| 74 | 405224 | 29535 | |
| XXXIX. | 59319 | 4323 | $\frac{1}{2}$ |
| 78 | 474552 | 34588 | |

Ici bas tous *ut* aigus pour faire 2, 3, 4, ou 5 Cloches vers le ton grave.

| | | |
|---|---|---|
| 41 | 68921 | 5023 |
| 43 | 79507 | 5794 |
| 45 | 91125 | 6641 |
| 47 | 103823 | 7567 |
| 49 | 117649 | 8575 |
| 51 | 132651 | 9668 |
| 53 | 148877 | 10851 |

| Epaisseurs. | Cubes. | Livres. |
|---|---|---|
| 55 | 166375 | 12126 |
| 57 | 185193 | 13498 |
| 59 | 205379 | 14969 |
| 61 | 226981 | 16543 |
| 63 | 250047 | 18224 |
| 65 | 274625 | 20016 |
| 67 | 300763 | 21921 |
| 69 | 328509 | 23943 |
| 71 | 357911 | 26085 |
| 73 | 389017 | 28354 |
| 75 | 421875 | 30748 |
| 77 | 456533 | 33275 |
| 79 | 493039 | 35935 |
| 80 | 512000 | 37317 |

Les nombres qui ſont omis ici en chiffres Romain ſe trouvent en petits chiffres ſous les numeros qui les précédent, par exemple, du numero XV j'ai paſſé au XVII, XIX, &c. parceque les nombres 14, 16, 18, &c. ſe trouvent ſous les numeros VII, VIII & IX, juſqu'au chiffre 80.

Cette Table, où je viens de donner le poids des *ut* aigus & des *ut* graves, eſt d'autant plus intéreſſante, qu'il n'eſt pas poſſible de trouver le poids des autres Cloches, que l'on ne ſache au moins ce que peſe la plus petite des huit; au lieu que quand on tient le poids du ton grave & de l'aigu, il n'eſt pas difficile d'avoir celui des ſix autres.

Le poids des Cloches dépend de leurs épaiſſeurs & de l'étendue de leurs diametres. Les épaiſſeurs ſont compoſées de lignes, & les diametres ſont compoſés de 15 épaiſſeurs; mais ſouvent il y a des nombres rompus, c'eſt-à-dire, des demi-lignes ou des quarts de lignes, &c. dans ces épaiſſeurs; & de même ces diametres ſont très ſouvent ſuſceptibles de quarts, de tiers & de demi bords, &c. ce qui dans l'un & l'autre cas peut embarraſſer & les Communautés & les Fondeurs. Il eſt donc raiſonnable de prévenir cete mbarras, ce que je n'ai point encore fait.

## Premiere Observation.

### *Sur les épaiſſeurs de bords avec fractions de lignes.*

Pour parler clairement, je viens tout d'un coup au fait par des exemples. Suppoſé que les Cloches qu'on ſe propoſe portent 15 lignes & demie, ou 19 lignes & demie, ou 27 lignes & demie, ou telle autre quantité qu'on voudra de lignes avec des demies, & qu'on veuille ſavoir ce qu'elles doivent peſer : comment s'y prendre ? le voici.

Je recourre à la Table en trois colomnes que j'ai donnée, & où ſont marquées les épaiſſeurs, les cubes & les poids. Je cherche ſur cette Table le n° XXXI lignes, double de 15 lignes & demie; le poids qui lui répond eſt 2171 livres : je diviſe cette ſomme par 8, & ma diviſion étant faite, j'ai pour quotient 271 livres qui font le poids d'une Cloche qui porte dans ſon bord 15 lignes ½ avec la fraction $\frac{3}{15}$. Nous négligerons toutes ces fractions de livres.

Pour 19 lignes & demie, je prens ſur cette même Table le poids 4323 livres du n° XXXIX lignes, lequel n° eſt double de 19 lignes ½; enſuite je diviſe par 8 cette ſomme 4323, & le quotient qui eſt 540 livres, fait le poids d'un bord compoſé de 19 lignes ½.

Pour 27 lignes & demie, je regarde au n° 55 double de 27 lignes ½ qui eſt de 12126 livres, dont le huitieme qui eſt de 1515 livres, eſt le poids que je cherche pour une Cloche qui porte 27 lignes ½ de bord, &c. Tout ce que je dis ici me paroît aiſé. Voyons à préſent pour les fractions par quart & trois quarts de lignes; & reprenons nos 15 lignes ½, nos 19 lignes ½ & nos 27 lignes ½.

Je cherche le poids de 15 lignes ¼ ou de 15 lignes ¾ : pour le trouver je prends le poids de 15 lignes qui eſt de 245 livres; celui de 15 ½ qui eſt de 271 livres, & celui 16 lignes qui eſt de 298 liv.

J'en marque la différence en la maniere qui suit . . 245 liv.

Ces deux différences ainsi marquées, je prends moitié de celle qui est 26 c'est-à-dire 13 liv. que j'ajoute à 245 liv. pour donner 258 liv. à mon bord de 15 lig $\frac{1}{4}$.

diff. 26 liv.

271

271

Je prends de même moitié de la différence 27 liv. qui est 13 liv. que j'ajoute à 271 livers pour donner 284 livres à mon bord de 15 lignes $\frac{3}{4}$ : & j'observe de donner la plus forte moitié en bas.

diff. 27

298.

De même pour le poids de 19 lig. $\frac{1}{4}$ ou de 19 $\frac{3}{4}$, je cherche le poids de 19 lignes qui est de 499 liv. celui de 19 lig. $\frac{1}{2}$ qui est de 540 livres, & celui de 20 lignes qui est de 583 livres.

Voici les différences.

Ajoutons moitié de ces différences au poids 499 & au poids 540 qui les accompagnent, & nous aurons 499, plus 20 qui feront 519 livres pour un bord de 19 lignes $\frac{1}{4}$ ; puis 540, plus 21 qui feront 561 livres pour 19 lignes $\frac{3}{4}$.

499

diff. 41 liv.

540 liv.

540

diff. 43

583

Enfin

Enfin, pour le poids d'un bord portant 27 lig. $\frac{1}{4}$ ou 27 lig. $\frac{3}{4}$. prenons de même les différences du poids de 27 lig.... 1434 liv. de 27 lig. $\frac{1}{2}$... 1515 liv. & de 28 l... 1600 liv. Ceci fait, ajoutons 40 liv. à 1434, ce sera 1474 liv. pour le poids de 27 lig. $\frac{1}{4}$.

Ajoutons encore 42 liv. à 1515 liv. ce sera 1557 pour le poids d'une Cloche de 27 lig. $\frac{3}{4}$ en bord : toujours la plus forte moitié en en bas.

1434 liv.
diff. 81 liv.
1515

---

diff. 85
1600

# SECONDE OBSERVATION.

## *Sur les diametres avec fractions de bords.*

Comme je n'ai donné jusqu'à-présent mes regles que pour des diametres de 15 bords juste, & qu'il arrive fort souvent, pour épargner la dépense du métal, de ne leur donner que 14 bords, ou 14 $\frac{1}{4}$, $\frac{1}{3}$, $\frac{1}{2}$, $\frac{2}{3}$ ou 14 bords $\frac{3}{4}$, il est bon de nous prêter encore ici, & de prendre une route nouvelle.

Et d'abord, il est certain, qu'en comparant ensemble deux diametres l'un de 15 bords & l'autre de 14, dont l'unité fait la différence ; il est, dis-je certain, qu'en faisant disparoître cette unité, cela fera deux diametres égaux de 14 bords chacun, & que les Cloches qui seront composées telles, feront unisson & peseront autant l'une que l'autre; & parconséquent le poids de la Cloche qui auroit dû avoir 15 bords dans son diametre doit diminuer de moitié. Ainsi pour une épaisseur de bords de XXXVI lignes, qui font 3 pouces, la longueur du diametre en 15 seroit de 45 pouces, & le poids de la Cloche seroit de 3393 liv. Mais si je retranche un bord qui est 3 pouces, je n'aurai plus que 42 pouces dans mon diametre fait en 14, & pour mon poids 1696 liv. moitié de 3393 : ce seul exemple est si simple qu'il suffit.

Cependant 14 peut être accompagné de fractions, c'est-à-dire, comme je viens de le dire, de quart, de tiers, de double tiers & de triple quart; dans tous ces cas on n'a qu'à ajouter à 1696 livres le quart ou le tiers, ou les deux tiers, ou les trois quarts de la somme principale 1696 liv. & l'on aura les poids qui leur appartiennent. Or le quart de 1696 est 424, qui ensemble donnent 2120 livres pour une Cloche de 36 lignes faite en 14¼ : le tiers de 1696 est 565, qui avec 1696 font 2261 livres pour cette même Cloche en 14⅓ : les deux tiers sont 1130, qui avec la ſomme principale compoſent celle de 2826 livres. Et les trois quarts ſont 1272, qui avec 1696 forment la ſomme de 2968 livres pour le poids de cette même Cloche, faite en 14 bords trois quarts.

Et dans la ſuppoſition où il y auroit d'autres fractions de bords, comme un dixieme, un cinquieme ou ſeptieme, ou un onzieme, il faudroit ſe conduire de la même ſorte. Qui poſſede ſa regle de diviſion, ne trouve en tout ce que je viens d'expoſer rien qui l'embarraſſe, & peut parcourir la Table tant qu'il voudra, ſoit dans la colomne des épaiſſeurs, ſoit dans celle des poids d'un bout à l'autre.

Tout ce qui eſt ci-deſſus, ainſi que la Table, ne regarde que l'*ut* aigu & l'*ut* grave : les autres Cloches de l'octave trouvent leurs poids par la Regle de Trois, telle que je l'ai expoſée avec les proportions harmoniques cubées.

De cette premiere opération, il faut que l'Ouvrier paſſe à une ſeconde Table ci-jointe, où il conſiderera attentivement les 14 cubes des 14 nombres radicaux qu'il a déja vus dans le premier Chapitre, leſquels ſont proportionnels à ces 7 tons *ſi*, *la*, *ſol*, *fa*, *mi*, *re*, *ut*.

## N°. 2.

*Table cubique des proportions harmoniques.*

| Nombres radicaux, | | Cubes, | | Cubes. |
|---|---|---|---|---|
| ſi | 16 à 15 . . | 4096 | . . à . | 3375 |
| la | 6 à 5 . . | 216 | . . à . | 125 |
| ſol | 4 à 3 . . | 64 | . . à . | 27 |
| fa | 3 à 2 . . | 27 | . . à . | 8 |
| mi | 8 à 5 . . | 512 | . . à . | 125 |
| re | 9 à 5 . . | 729 | . . à . | 125 |
| ut | 2 à 1 . . | 8 | . . à . | 1 |

De la connoiſſance des cubes il paſſe tout de ſuite à la Regle de Trois, expoſée ci-contre en ordre géométrique, afin de trouver les poids qui lui ſont inconnus de ſes 7 tons, par le poids qui lui eſt connu de ſa premiere Cloche, ici ſuppoſée épaiſſe de 7 lignes & du poids de 25 livres.

## N° 3.

### *Table Géométrique pour trouver les poids par la Regle de Trois.*

ut 7 lignes. 25 livres.

| | Cubes, | | Cubes, | | Livres, | | | Livres. |
|---|---|---|---|---|---|---|---|---|
| si | 3375 | : | 4096 | : : | 25 | : × | == | 30 |
| la | 125 | : | 216 | : : | 25 | : × | == | 43 |
| sol | 27 | : | 64 | : : | 25 | : × | == | 59 |
| fa | 8 | : | 27 | : : | 25 | : × | == | 84 |
| mi | 125 | : | 512 | : : | 25 | : × | == | 102 |
| re | 125 | : | 729 | : : | 25 | : × | == | 145 |
| ut | 1 | : | 8 | : : | 25 | : × | == | 200 |

Cette Table Géométrique, qui consiste en 5 colomnes, a pour multiplicande la seconde colomne, pour multiplicateur la troisieme, & pour diviseur la premiere à main gauche ; la quatrieme × × &c. désigne les poids que l'on cherche, & la cinquieme donne les poids que l'on a trouvés.

En termes de Géometrie l'on dit que les poids qui sont à trouver, doivent être proportionnels à ces trois termes connus 3375, 4096 & 25 ; tout de suite à ces trois autres termes 125, 216 & 25 ; & tout de suite encore à ces autres-ci, 27, 64 & 25, ainsi des autres jusqu'au bout de l'octave.

Et que conséquemment on doit multiplier tous les termes moyens les uns par les autres, c'est-à-dire 4096, 216, 64, 27, 512, 729, & 8 par 25, dont les produits 102400, 5400, 1500, 575, 12700, 18225 & 200, doivent être ensuite divisés par ces premiers termes 3375, 125, 27, 8, 125, 125 & 1; afin d'avoir pour quotiens & pour poids 30 livres, 43, 59, 84, 102, 145, & 200 livres, qui est ce que l'on cherchoit.

Dans toutes autres épaisseurs que celle de 7 lignes, le poids de ces mêmes épaisseurs, sortant des *ut* aigus, deviendra le multiplicateur; par exemple, dans les 5 Tables suivantes on multiplie la seconde colomne entiere de chaque Table par 37, par 53, par 72, par 97, & par 125; & ainsi de toutes octaves quelconques.

ut 8 lignes. 37 livres.

| | Cubes, | | Cubes, | | Livres, | | | Livres. |
|---|---|---|---|---|---|---|---|---|
| si | 3375 | : | 4096 | : : | 37 | : × | = | 44 |
| la | 125 | : | 216 | : : | 37 | : × | = | 63 |
| sol | 27 | : | 64 | : : | 37 | : × | = | 87 |
| fa | 8 | : | 27 | : : | 37 | : × | = | 125 |
| mi | 125 | : | 512 | : : | 37 | : × | = | 151 |
| re | 125 | : | 729 | : : | 37 | : × | = | 215 |
| ut | 1 | : | 8 | : : | 37 | : × | = | 298 |

ut 9 lignes. 53 livres.

| | Cubes, | | Cubes, | | Livres, | | | Livres. |
|---|---|---|---|---|---|---|---|---|
| si | 3375 | : | 4096 | : : | 53 | : × | = | 64 |
| la | 125 | : | 216 | : : | 53 | : × | = | 91 |
| sol | 27 | : | 64 | : : | 53 | : × | = | 125 |
| fa | 8 | : | 27 | : : | 53 | : × | = | 166 |
| mi | 125 | : | 512 | : : | 53 | : × | = | 217 |
| re | 125 | : | 729 | : : | 53 | : × | = | 309 |
| ut | 1 | : | 8 | : : | 53 | : × | = | 424 |

ut 10 lignes. 72 livres.

| | Cubes, | | Cubes, | | Livres, | | | Livres. |
|---|---|---|---|---|---|---|---|---|
| si | 3375 | : | 4096 | : : | 72 | : × | = | 87 |
| la | 125 | : | 216 | : . | 72 | : × | = | 124 |
| sol | 27 | : | 64 | : : | 72 | : × | = | 170 |
| fa | 8 | : | 27 | : : | 72 | : × | = | 243 |
| mi | 125 | : | 512 | : : | 72 | : × | = | 295 |
| re | 125 | : | 729 | : : | 72 | : × | = | 435 |
| ut | 1 | : | 8 | : : | 72 | : × | = | 583 |

ut 11 lignes. 97 livres.

| | Cubes, | | Cubes, | | Livres, | | | Livres. |
|---|---|---|---|---|---|---|---|---|
| si | 3375 | : | 4096 | : : | 97 | : × | = | 117 |
| la | 125 | : | 216 | : : | 97 | : × | = | 167 |
| sol | 27 | : | 64 | : : | 97 | : × | = | 231 |
| fa | 8 | : | 27 | : : | 97 | : × | = | 327 |
| mi | 125 | : | 512 | : : | 97 | : × | = | 397 |
| re | 125 | : | 729 | : : | 97 | : × | = | 565 |
| ut | 1 | : | 8 | : : | 97 | : × | = | 776 |

ut 12 lignes. 125 livres.

| | Cubes, | | Cubes, | | Livres, | | | Livres. |
|---|---|---|---|---|---|---|---|---|
| ſi | 3375 | : | 4096 | : : | 125 | : | X, | 161 11 onc. |
| la | 125 | : | 216 | : : | 125 | : | X, | 216 |
| ſol | 27 | : | 64 | : : | 125 | : | X, | 296 |
| fa | 8 | : | 27 | : : | 125 | : | X, | 421 |
| mi | 125 | : | 512 | : : | 125 | : | X, | 511 |
| re | 125 | : | 729 | : : | 125 | : | X, | 649 |
| ut | 1 | : | 8 | : : | 125 | : | X, | 1000 |

Suivant tout ce que je viens d'expoſer, un Fondeur ne doit être embarraſſé à trouver ſes poids pour telles octaves que ce ſoit, qu'autant qu'il ignorera la Regle de Trois, qui n'eſt autre choſe qu'un compoſé de multiplications & de diviſions. Mais, me dira-t-il, j'ai beſoin d'une double, d'une triple octave, comment m'y prendrai-je? La choſe eſt toute ſimple : il n'a qu'à octupler, c'eſt-à-dire, multiplier par 8 le poids de chaque Cloche en particulier de ſa premiere octave, & cela lui donnera toute ſa ſeconde octave; puis multiplier celle-ci de même par 8, & il aura la troiſieme.

Suppoſons maintenant que l'on demande un carillon complet de tons majeurs & mineurs; voici ce que l'Ouvrier doit faire.

1°. Il doit recourir à la Table des proportions harmoniques ; écrire ſur un papier les raiſons ou proportions qui ont rapport au *ſi* bemol ou ſeconde majeure, qui ſont 9 & 8 ; celles du *ſol* dieze ou *tierce* majeure 5 & 4 ; celles du *mi* bemol ou ſixieme majeure 5 & 3, & celles de l'*ut* dieze ou ſeptieme majeure qui ſont 15 & 8. Chapitre premier.

2°. Il doit chercher les cubes de 9 & de 8 qui ſont 729 & 512 ; ceux de 5 & de 4 qui ſont 125 & 64 ; ceux de 5 & de 3 qui ſont 125 & 27, & enfin les cubes de 15 & de 8, qui ſont 3375 & 512, Table n°. 1.

3°. Tout cela étant mis ſous ſes yeux, il appliquera ſa Regle de Trois ſur les cubes de *ſi* bemol, de *ſol* dieze, de *mi* bemol, & d'*ut* dieze ; c'eſt-à-dire, qu'il fera une colomne des cubes *ſi* bemol 512, *ſol* dieze 64, *mi* bemol 27, & *ut* dieze 512, à main gauche ; enſuite de quoi viendra une ſeconde colomne compoſée de *ſi* bemol 729, *ſol* dieze 125, *mi* bemol 125, & de *ut* dieze 3375 ; puis la troiſieme colomne compoſée du haut en bas du poids de l'*ut* aigu.

4°. Il multipliera 729, 125, 125 & 3375, par les chifres du poids d'*ut* aigu. Et enfin il diviſera toutes les ſommes de ſes multiplications par les cubes de ſa premiere colomne, c'est-à-dire par 512, 64, 27 & & 512, & les quotiens seront les poids qu'il cherche. Cette pratique ne differe en rien de celle que je viens de tenir pour mes six Tables, en tons majeurs, n° 2 & 3 par la Regle de Trois en ordre géométrique.

Observez que les colomnes des cubes sont invariables & ne changent jamais: cela fait un point fixe pour le Fondeur: il n'y a que le multiplicateur qui change; mais ses multiplicandes & ses diviseurs sont toujours les mêmes dans telles octaves que ce soit; & dans toutes octaves c'est toujours le poids d'*ut* aigu qui sert de multiplicateur. Cette idée est si simple & si nette, qu'il n'est pas possible d'en donner de meilleure; & sous ces deux points de vue, il ne peut que travailler à tête libre.

Il se dira à soi-même: telle épaisseur que je donne à mes Cloches, premiere & huitieme, il faut, 1°. que j'en tire les cubes dans la Table n°. 1.

2°. Il faut que je tire les cubes de mes six autres Cloches, *si*, *la*, *sol*, *fa*, *mi*, *re*, dans la Table n° 2.

3°. Il faut que je range les cubes de ces six Cloches dans l'ordonnance géométrique de la Table n° 3.

4°. Enfin il faut que je fasse usage de ma

Régle de Trois, en multipliant les cubes de la ſeconde colomne par les poids de la troiſieme, & en diviſant le produit de toutes mes multiplications, par les cubes de ma premiere colomne à main gauche; comme je vois que cela a été pratiqué dans les octaves de 7, de 8, de 9, de 10, de 11, & de 12 lignes, *ut* aigu.

Je crois en avoir dit aſſez pour me faire entendre.

## CHAPITRE IX.

*Regles de l'échantillon, de la qualité & du mêlange des métaux, &c. de la quantité de métal que les Fondeurs peuvent repéter pour leur déchet; comment on peut connoître que le métal est en état d'être coulé.*

CE que j'ai écrit seroit incomplet si je ne mettois pas les personnes au fait des regles de l'échantillon, de la qualité & du mêlange des métaux, de l'accélération de leur fonte, de la quantité du métal que les Fondeurs ont droit de répéter pour leur déchet, & de quelle façon l'on peut connoître quand le métal est en bonne cuisson pour être prêt à couler.

L'échantillon est un travail de routine, & un peu plus long à expliquer qu'à exécuter, mais il faut entrer dans l'explication de ces choses.

### *L'échantillon.*

C'est un calibre, qui dans la forme de ses traits représente le profil d'une Cloche, & qui étant monté sur son arbre qui eſt un grand boulon de fer, fait l'office d'un grand compas tournant pour donner aux moules la vraie figure du dedans & du dehors d'une Cloche. Cet inſtrument eſt une planche de noyer, pommier ou autre bois propre à ſe liſſer, à laquelle on donne pour hauteur 22 bords de la Cloche dont elle doit être le calibre, & 5 bords pour largeur. A deux bords de ſa vive-arrête à droite, on tire au trouſquin une ligne fort legere d'un bout à l'autre, ſur laquelle on pique 14 à 15 bords en commençant en bas ; dont les deux ou trois premiers ſont deſtinés à la baſe des moules qu'on appelle *la meule*, en termes de l'art, & les 12 autres ſont employés à la recherche des traits du calibre; car les Cloches doivent avoir dans leur hauteur 12 bords, depuis la pince D juſqu'au point P.

Ce ſeroit ici le lieu de parler de la fauſſe brochette dont ſe ſervent les Fondeurs pour diviſer leurs bords en demi-bords, en quarts, en tiers, en demi-tiers & en quinziemes ; mais comme je leur ai appris à ſe les donner ſur un diapaſon de huit Cloches, Chap. VII, fig. 2, ce qui leur épargne de la peine, je n'en dirai mot.

## *Traits de l'échantillon.*

Soit la ligne A *o* piquée de 12 bords moins un demi-tiers, & ce demi-tiers abbaissé de *o* en D pour achever les 12 bords, & pour faire la pince de la Cloche en D : soient aussi six petites lignes ponctuées faisant équerre avec la ligne A *o*, savoir; la premiere au n° 1 $\frac{1}{2}$, la seconde au n° 3, la troisieme au n° 5 $\frac{1}{2}$, une au n° 6, une autre au n° 11, & la derniere au n° 12 $\frac{1}{6}$. La premiere, la troisieme & la derniere à compter du point *o*, serviront à faire l'échantillon, & les autres à voir si l'on a bien opéré; car l'endroit du gros cordon dit le *troisieme*, marqué au n° 3, doit porter deux tiers de bord dans son épaisseur; la partie qu'on appelle le *sixieme* marqué au n° 6, doit porter un tiers & un quinzieme de bord d'épaisseur, & l'épaisseur qui est au n° 11, doit porter un tiers de bord : ces trois épaisseurs, après la preuve faite, doivent se rencontrer juste avec l'opération si elle a été faite exactement, sans quoi il faudra recommencer.

Les choses étant ainsi disposées, l'on prend au compas un demi-tiers de bord que l'on porte de A en P, puis de P en K & en L, & tout de suite du n° 1 $\frac{1}{2}$ en G, enfin du point *o* en D. De cette ſorte, le point G ſe trouvera écarté de la ligne A *o* d'un demi-tiers de bord, & les quatre points A, P, K, L, auſſi également diſtans d'un demi-tiers les uns des autres : après quoi, & lorſqu'on aura ouvert le compas de l'étendue d'un bord & demi, une de ſes pointes poſée ſur le point 5 ½, l'autre pointe donnera ſur la perpendiculaire le point H : puis le compas étant reſſerré à ne plus donner qu'un tiers & un quinzieme de bord, portez cette étendue du point H en I, & pour lors H & I, donneront ce qu'on nomme la *Fauſſure* & la *Fourniture* ou le renflement de la Cloche.

### *Le gros bord de Cloche, dit la frappe.*

On ouvre le compas d'un bord & d'un quinzieme de bord : on poſe une de ſes pointes ſur le point G, & de l'autre on fait le petit arc R R, puis du n° 1 l'autre petit arc Q Q, & du point d'interſection F de ces deux arcs, comme centre, on forme l'arondiſſement S, G, 1 : puis on tire la diagonale F D, qui avec D, G, donnera le gros bord.

### *Les traits du vaſe inférieur.*

On donne à ſon compas une ouverture

de 12 bords; du point H, on va marquer un petit arc à gauche hors de la planche de l'échantillon, ſuppoſé en L; & du point F un autre petit arc, qui, par ſon interſection avec l'arc L, comme centre, donnera la courbe H F.... On ouvre enſuite le compas pour une étendue de 7 bord $\frac{1}{2}$; & du point I, puis du point G on fait deux petits arcs hors de l'échantillon auſſi à gauche, d'où, & de leur commune ſection comme centre, où ſe donne l'autre courbe I G: & voilà le vaſe inférieur tracé.

*Les traits du vaſe ſupérieur.*

J'ouvre mon compas de 32 bords; l'ayant mis ſur H & ſur L, je me donne deux arcs hors de mon échantillon à gauche; du point où ils ſe coupent, je forme mon trait H L: enſuite, & ſans en changer l'ouverture, je poſe une branche ſur K & ſur I pour avoir pareillement deux arcs & un centre commun d'où je tire ma derniere courbe K I, & mon vaſe ſuperieur eſt fait.

*Les traits du Cerveau.*

Je donne à mon compas un demi-bord, & avec cette petite ouverture je trace du point

point *o* un petit arc qui tombe en E sur l'angle de percussion ; j'ouvre ensuite mon compas de 8 bords, & des points E, P, je trouve le point Z par deux arcs qui se coupent, duquel point Z je trace l'arc du cerveau P M : sur l'arc de Z je porte en x x x la moitié d'un tiers de bord, & de ces trois x, comme de trois centres, avec une étendue de 8 bords, je me donne mes trois autres arcs a, L, n, qui avec l'arc m, feront les quatre arcs formateurs du cerveau, mais de a en L il doit y avoir un tiers de bord juste, sinon il faut recommencer.

Cette opération étant faite, je prends sur mon compas la mesure juste d'un bord & demi que je porte sur la partie convexe du cerveau du point K à gauche en K à droite ; & sur la partie concave du point *u* à gauche en *u* à droite ; après quoi je prends à une distance du cerveau à volonté les deux centres *d d* pour tracer les deux petits traits courbes * *, & former la retraite du fond intérieur *u* * & la retraite du fond extérieur K * de la Cloche.

Il n'est plus question à présent que de l'arrondissement du cerveau. Je marque donc un point en *a*, qui est celui d'incidence de l'arc m avec le trait du vase supérieur à droite, puis un autre en T qui est celui d'incidence de l'arc n avec le trait du vase supérieur à gauche; ensuite, mon compas étant ouvert de l'étendue de ces deux points *a* T du point *a* & du point T, je fais deux petits arcs qui me donnent un centre pour avoir l'arrondissement *a* T. De-là, & pour avoir l'autre courbure j'ouvre le compas d'un tiers de bord, je le porte du point *u*, qui est le point d'incidence de l'arc L avec le vase supérieur en *c* & en *b*, & de *c b* je fais deux petits arcs qui me donnent un centre pour former la courbure *c b*; & enfin je marque en plein les traits *u* L & K *a* & le tout est fini : mais il faut donner à l'intérieur du cerveau pour diametre, moitié de celui d'en-bas dont il est sous-double.

*Le mêlange & la qualité des Métaux.*

La composition du métal est un mêlange de cuivre franc ou rosette & d'étain de Cornouaille. Les Fondeurs mettent ordinairement 20 à 25 livres d'étaim sur 100 livres de cuivre; mais le jugement doit en mesurer la quantité sur la force des Cloches. Pour de gros vaisseaux 20 livres d'étaim sur 100 livres de cuivre font bien; car un quart au lieu d'un cinquieme pourroit les rendre ſujets à caſſer ; mais pour un carillon de huit ou de douze Cloches où il faut du brillant, & dont la moindre ſeroit ſuppoſé de 200 livres & la plus forte de 1600 livres, je voudrois mettre 25 livres d'étaim : le ſon en ſeroit plus excellent, ſur-tout en y ajoutant un peu d'antimoine, mais en bien petite quantité, comme deux livres par 100, & en diminuant l'étaim d'autant. L'intérêt des Fondeurs qui répondent de leurs Cloches pour un an & plus, eſt de mettre peu d'étaim de peur qu'elles ne caſſent, mais leurs Cloches ſonnent le chauderon. C'eſt un mal dont il faut ſe parer en les obligeant à faire bien cuire leur matiere ; parceque mieux les parties en ſeront affinées & dépouillées de calamine & autres parties terreſtres, plus ſolides en ſeront les Cloches.

### *La Cuiſſon.*

Il eſt bon qu'elle dure 9 à 10 heures & que le feu ſoit bien ſoutenu ; une heure avant de couler on force le feu du reverbere avec de vieux bois de charpente ou de charronage & avec de vieux eſſieux gras, & lorſque vers 10 heures de chauffe on voit la fumée ſortir blanche & certains ſerpentaux ſe jouer ſur la matiere, ou quand en plongeant une barre de fer dans cette matiere on l'en retire empreinte d'un beau vernis ; elle est cuite, & il est tems de couler.

## *Le Déchet.*

L'Ouvrier demande toujours assez : il ne vous quitte point à moins de 5 ou 6 livres par 100 ; & quelquefois plus, quoiqu'il puisse se contenter à 3 livres. Le mieux pour les Fabriques est parconséquent de prendre les déchets à leur compte, afin d'être maîtresses de donner à leurs cuissons tout le tems qu'il leur faut pour avoir des Cloches solides & bien sonores. Il est bon même qu'elles retiennent la grenaille & les écumes, que les Fondeurs n'estiment rien, & dont néanmoins ils font de bons lingots. Pour les saumons qu'on appelle les assurances de Cloches, c'est un gros avantage de les garder & de les mettre en réserve pour le besoin qu'on peut en avoir, sur-tout s'ils sont d'un fin métal ; & pour lors, afin de les avoir bien purs, aussi-tôt que les moules seront pleins, il faudra répandre dessus des braises rouges avant que la matiere se fige, ces braises en mangeront toute la crasse & l'écume.

### *Le restant de Cloches.*

C'est tout le métal qu'on a de reste après la fonte : les Marchands qui livrent aux Fabriques les obligent à leur repasser ce restant à cinq ou six sols la livre de meilleur marché, qu'ils n'ont livré leurs marchandises, qui par l'affinage vaut dix à douze sols la livre plus qu'elle ne valoit; ou bien les Fondeurs le reprennent sur le pied de vingt sols la livre, tandis qu'il en vaut au moins trente-cinq ; c'est donc une perte bien réelle qui, sur cinq à six cens livres, peut être évaluée de part ou d'autre à quatre ou cinq cens livres d'argent en pure perte, il est parconséquent avantageux de garder le tout par devers soi pour certains besoins qui peuvent arriver, ou pour rendre service, en ne perdant que peu, à des Communautés voisines & amies.

### *Accélération de la Fonte.*

Si vous voulez que le cuivre fonde aisément, & épargner du bois, mettez pour 100 livres de cuivre, cinq livres d'étaim de glace & du soufre à peu près de même. Pour ce qui est de l'étaim qui doit composer le métal, on ne le met dans la fonte que quand le cuivre est fondu, bien épuré de ses crasses & prêt à être coulé.

## *Choix du Métal.*

Il arrive rarement, & presque jamais il n'arrive dans les campagnes, que l'on compose son métal soi-même, quoique ce soit bien le plus sûr : on a recours aux Fondeurs, aux Chauderonniers, & autres qui livrent à 25 & 30 sols la livre une marchandise qui n'en vaut pas 18, n'étant composée que de rognures de chaudrelas, de potins, de grenailles & des écumes de quelque fonte, & outre cela d'un gros étaim commun qui y domine par trop; mal cuite à la cuiller, belle en apparence, parcequ'au moyen de la braisette rouge & de la trop grande quantité d'étaim, le saumon paroît d'un beau poli & sonnant; mais au fond ce n'est rien qui vaille : dans la chauffe cela se convertit en fumée & en écume; le déchet emporte le principal, parceque le potin & l'étaim se brûlent & s'évaporent, & ce qui reste de ce prétendu métal, est d'une si mauvaise nature, qu'il n'en faut pas davantage pour gâter le son & l'harmonie.

Lorsqu'on est ainsi exposé, voici comme on s'y prend : on casse un morceau de ce métal, on obſerve s'il fait bien l'écaille de poiſſon telle qu'il faut qu'il la faſſe, on le frotte fort avec un morceau de drap, & l'on voit s'il rougit, parceque s'il eſt composé de mauvais cuivre il jaunira au lieu de rougir, & alors il ne vaudra rien; d'ailleurs, s'il ne donne qu'un rouge blanchâtre au lieu d'un rouge au trois quarts vif, c'eſt un métal où il y a trop d'étaim; il ne vaudra donc encore rien, à cauſe du déchet. Enfin pour ſavoir ſi ce ſaumon eſt d'une bonne cuiſſon, & ſi c'eſt véritablement un reſtant immédiat de fonte de cloche, (car les Fondeurs ſavent les contrefaire au mieux au ſortir de leur cuiller,) il faudroit réduire ce ſaumon par morceaux, & conſiderer de près s'il n'y a ni chambres ni taches griſes ou noires, & ſi toutes les parties en ſont bien liées. Dans tous ces cas on ne riſque rien de faire marché, ſans ſans quoi néant. Mais le plus certain encore une fois, eſt de compoſer ſon métal dans le fourneau. Il en coutera quelque choſe de plus, mais bonne marchandiſe ne coute pas trop chere, au lieu qu'en drogue ou en marchandiſe douteuſe on n'a jamais bon marché.

## *Autre façon de s'assurer du Métal.*

C'est ici un secret aussi sûr & aussi prompt qu'il est singulier.

Frottez-vous bien tout l'intérieur des mains sur un ustensile de cuivre rouge, & que vos mains soient auparavant bien chaudes afin que les pores en soient plus ouverts, vous serez alors aimanté de ce métal : prenez une baguette fourchue de quelque bois que ce soit, verd ou sec pourvu qu'il se puisse plier sans éclatter; aimantez les trois bouts & tout le corps de cette baguette de la substance du cuivre dont vous êtes imprégné, & faites en sorte qu'elle en soit elle-même imprégnée en la passant dans vos mains; faites fermenter dans vos mains un petit instant un petit morceau de papier blanc, qui de cette maniere deviendra aussi aimanté de la substance du cuivre rouge : fendez le bout de la baguette qui fait angle par le milieu, inserez le papier dans la fente, c'est tout le mystere : portez-la verticalement ou horisontalement entre vos mains comme font les gens à la baguette : présentez-la un instant au dessus du métal qu'on veut vous vendre; reculez quelque pas en arriere, & avancez ensuite vers ce métal le plus lentement qu'il vous ſera poſſible; & ſi la baguette, lorſqu'elle ſe trouvera dans le tourbillon qui ſort du métal, vient à s'incliner, c'eſt du cuivre rouge qu'il y a, ſans quoi c'eſt du cuivre jaune tout pur. Mais quoiqu'elle ſe ſoit inclinée, il peut auſſi y être entré du cuivre jaune, pour le ſavoir, aimantez comme ci-deſſus, ſur une piece de cuivre jaune, recommencez la cérémonie, & ſi elle penche, c'eſt un ſigne certain que la compoſition eſt des deux métaux. Recommencez à aimanter le tout, mains, baguette & papier, ſur gros & fin étaim, par-là vous découvrirez duquel des deux étaims eſt fait le métal, ou s'il eſt compoſé des deux tout à la fois. La difficulté eſt ſeulement de trouver des gens qui poſſedent ce jeu de la baguette : mais cette difficulté n'eſt pas grande, car entre 10 perſonnes à qui vous la préſenterez, il s'en trouvera une ou deux en qui cette merveille operera, ſi elles ont ſoin de s'aimanter ainſi que la baguette, ſur quelques meubles de table, ou ſur quelques perſonnes de la compagnie qu'elles auront touchées de la main, & elles ſeront bien étonnées de ſe voir enrichies d'un préſent de la nature qu'elles ne croyoient pas avoir.

Cette voie de découvrir la nature des métaux composés, est d'autant plus certaine qu'elle procede de ce grand méchanisme que l'Auteur de la nature a établi entre tous les objets de même espece & de même analogie. C'est la méthode dont je me sers, & qui me réussit.

# CHAPITRE X.

## *Méthode de dresser le grand compas des Fondeurs pour former leurs moules. Maniere de construire ces mêmes moules.*

IL s'agit à-présent de dresser le grand compas des Fondeurs pour former leurs moules, & de traiter tout de suite de la façon de construire ces mêmes moules.

### *Construction du Compas.*

C'est un assemblage de trois pieces, savoir, de deux branches & d'une traverse; la premiere branche est la planche de l'échantillon où sont tracés les traits du dedans & du déhors de la Cloche Chap. IX; la seconde branche est un gros & grand boulon de fer quarré bien arrondi par un bout & terminé en pointe ou pivot par l'autre bout: c'est ce qu'on nomme l'arbre; cette branche est percée au niveau de la mentoniere *c*, d'une mortaise pour recevoir la traverse de fer: cette derniere piece du compas est comme une main de force assez épaisse pour souffrir une longue & large coulisse ou mortaise propre à recevoir la planche de l'échantillon.

De ces trois pieces faisons-en maintenant un tour. 1°. Disposons deux planches par terre à une certaine distance l'une de l'autre, en sorte qu'un bout de l'arbre pose sur l'une, & l'autre bout sur l'autre. Traçons sur ce même arbre, dans son juste milieu, & dans toute sa longueur une ligne blanchie à la ficelle : insinuons la traverse dans la mortaise *b*, puis arrêtons-la avec la clavette *b* : & coulons enfin la planche d'échantillon dans sa mortaise *a a a*. 2°. Les affaires étant ainsi disposées, il faut leur donner leur forme & les arrêter : pour cela, nous piquerons une ficelle au-dessus du boulon de fer sur la planche de traverse, laquelle ficelle couvrira la ligne blanche de ce boulon & sera allongée à volonté, & piquée & roidie sur l'autre planche de traverse. Nous coulerons ensuite le long de la ficelle une regle contre équerre, afin de donner à l'échantillon son obliquité de 7 bords $\frac{1}{2}$, de cloche depuis le point D jusqu'à la ficelle, puis en coulant la regle de la même sorte sur le point P, on lui donnera un rayon de 3 bords $\frac{3}{4}$ depuis la ficelle en P. Voilà l'obliquité trouvée, il ne s'agit plus que d'arrêter l'échantillon avec des coins fort minces, tandis qu'une autre personne contiendra le tout dans son état de peur que cette obliquité ne se dérange. Enfin, on représente la regle & l'équerre sur la ficelle en D, pour voir si les Cloches se rapportent, & le tout est fait.

## *Construction de la Fosse.*

La fosse est un trou quarré que l'on creuse dans la terre, auquel on donne 22 bords de la plus grosse Cloche pour profondeur, & pour largeur assez d'espace pour contenir tous les moules avec les passages de deux Ouvriers qui doivent tourner librement d'un moule à l'autre. Le fond doit être pilé fortement avec la poire, & les quatre faces tellement polies qu'il n'y ait rien à craindre pour l'ébranlement. On place une espece de solive sur le travers de la fosse qu'on assure bien par les deux extrêmités au moyen d'une basse maçonnerie. Cette solive porte autant de loquets percés, qu'on a de Cloches à fondre : ces loquets sont pour recevoir le bout arrondi du grand boulon de fer.

*Nota.* Il est assez d'importance que le trou de ces loquets soit d'une telle justesse avec le boulon, que le compas tournant ne puisse vaciller ni à droite ni à gauche quand on tournera les moules ; &

il vaut mieux les graisser de suif ou de savon. Au-dessous de chaque trou de loquets sont des piquets de bois fortement entassés dans le fond de la fosse. On suspend un plomb pointu, qui du milieu juste de chaque trou de loquets vient poser sur ces piquets; & à chaque point d'incidence du plomb, on creuse un centre où doit poser le pivot de l'arbre de fer.

Cela fait, on environne tous ces piquets d'un massif de maçonnerie en briques, parfaitement rond, haut de 5 à 6 pouces & d'un diametre égal à celui des cloches. Ce massif qui se nomme la *meule*, & le dessous de meule, servent de base à tout l'ouvrage.

## *Construction des Moules.*

Ils sont au nombre de trois, savoir; le noyau, le modele & la chappe qui demandent chacun une construction particuliere.

### *Le Noyau.*

On a dû, avant que de monter le compas, abbattre à la serpe & au ciseau tout le bois de la planche de l'échantillon depuis sa rive à droite jusqu'au grand trait D, F, H, c, b, u, & l, qui est pour la forme intérieure de la cloche; & la couper en biſeau en laiſſant le trait de la courbe franc.

Le compas étant monté & ajuſté en la maniere qu'on vient de dire, on paſſe l'arbre dans ſon loquet & on le poſe ſur ſon piquet & ſur ſon centre.

Puis, 1°. on commence à travailler le noyau & ſa meule tout enſemble avec des briques partie entieres, partie caſſées, & de la terre de Maçons dont on enduit le dedans & le dehors. On briſe les angles extérieures de ces briques afin de donner à la maçonnerie ſa juſte rondeur; les briques ſe poſent par aſſiſes de hauteur égale par-tout, & toujours en recouvrement d'une aſſiſe à l'autre, en ſorte que les joints d'une aſſiſe ne ſe rencontrent pas avec les joints de l'aſſiſe qu'on doit poſer enſuite. A chaque brique qui ſe poſe, le compas doit ſe préſenter afin qu'on ne laiſſe entre elle & la planche qu'une ligne de diſtance: ainſi le compas ſert à diriger la maçonnerie dans ſon pourtour & dans ſa hauteur. Quand cet ouvrage eſt à peu près aux deux tiers de ſa hauteur, on applique ſur le piquet de bois une traverſe de fer épais, qui répond de ſes deux bouts ſur le corps de la maçonnerie. Mais avant que de l'arrêter, il faut, avec le plomb pointu qui a déja ſervi pour le piquet, faire répondre le centre qui est marqué sur cette barre de fer au juste milieu du trou du loquet ; ensuite remettre le compas, le faire jouer & continuer le travail jusqu'à sa hauteur. Lorsqu'on est parvenu au collet du cerveau on lui laisse une ouverture, qu'on appelle la bouche du cerveau, & assez grande pour pouvoir jetter le charbon dans le noyau.

Cette bouche s'arrondit & se polit au moyen d'un petit bâton que l'on insere dans la main de l'arbre, & qu'on laisse descendre dans le noyau.

2°. On couvre cette maçonnerie d'une couche de ciment fait avec du fort limon, de la fiente de cheval & de la bourre bien broyés & liés ensemble, sur un établi de planches avec la tête d'un hoyau : pour bien applanir par-tout cette couche, on commence à mette en jeu le compas de construction ; c'est-à-dire, que tandis qu'un homme tourne autour du noyau & appuie sur le compas, le Fondeur applique à pleines mains son ciment depuis le bas jusqu'en haut, & toujours en continuant & en tournant jusqu'à ce que le noyau emplisse bien la planche, & qu'il ne lui reste plus aucun vuide. Après cette première façon, on emplit tout-à-fait le noyau de charbon, l'on y met le feu, & l'on l'on bouche ſon ouverture ; l'on ouvre les 3 ou 4 ſoupiraux qui ſont au bas de la *meule* & qu'on y a conſtruits avec des rouleaux de bois gros à peu près du poignet en dreſſant la maçonnerie, & qu'on a enſuite retirés. Ce premier feu pour faire un bon recuit, doit durer de 12 à 24 heures.

3°. Durant la chauffe, le ſoin du Fondeur eſt de rafraîchir avec de l'eau ſon moule à meſure qu'il ſeche, dans les parties qui en ont beſoin ; car ſans cette précaution, comme les parties inférieures ſéchent plus lentement à raiſon de leur épaiſſeur, il ſe trouveroit au noyau des inégalités qui regneroient des parties inférieures aux ſupérieures, & qui apporteroient la même erreur dans le modele de la cloche qui doit ſe former ſur ce même noyau.

Je penſe qu'en conſtruiſant la maçonnerie de ce premier moule, il ſeroit à propos outre cela, d'y laiſſer en dedans un cercle de briques un peu avancé en forme de petit cerceau au niveau de la traverſe de fer, afin de ſe procurer une eſpece de plancher compoſé de vergettes de fer & de tuiles, pour faire refouler la trop grande activité du feu en en bas ; ce qui ne diſpenſera pas néanmoins de fermer la bouche du cerveau à l'ordinaire avec le gâteau de terre cuite ; ayant l'attention ſeulement qu'il y ait communication de feu du bas en haut par une ouverture qu'on ménagera au milieu de ce plancher : cela s'entend aſſez.

Après cette opération l'on retire le compas de ſa place, on ſépare l'échantillon de ſon arbre, & on ne l'ôte pas hors de ſa mortaiſe. On coupe la premiere courbe & le premier trait du cerveau au vif, avec une bonne lame, ſans cependant rien outre-paſſer ; puis on le remonte ſur ſon arbre & ſur ſon pivot, dès que le premier enduit eſt ſec en toutes ſes parties.

4°. Le ſecond enduit eſt d'un grain de terre plus doux que le premier ; il le faut bien liquide : on en emplit l'échantillon comme ci-devant, puis le feu, & la même attention qu'au premier enduit. On réitere juſqu'à 3 & 4 fois, ou pour mieux dire, juſqu'à ce que le compas emporte tellement le ciment nouveau qu'il ne laiſſe plus paroître que le ſec : il ne faut pas appuyer bien fort ſur la planche, mais ſeulement la commander à mains fermes.

5°. La derniere de toutes les couches du noyau eſt compoſée de cendres & de ſavon : comme c'eſt une couche graſſe, le moule de modele qui doit être conſtruit ſur celui-ci ſe détache aiſément quand il s'agit de l'enlever. Dans cette couche le feu n'a point lieu. Avant de paſſer au ſecond moule, on examine si ce premier-ci est bien juste en son diametre : la preuve s'en fera en portant le tiers bien juste de sa rondeur sur une regle où seront marqués ses quinze bords, & la preuve n'y étant pas on détruit le moule.

### *Modele ou la fausse Cloche.*

Ayant démonté le compas on coupe, en laissant le trait franc, tout le bois de la planche jusqu'à la seconde courbe & à la seconde onde D, G, I, T, P, *a*, K, *a*, & le tout en biseau ; puis on le remonte & on le remet sur son pivot.

La terre qu'on destine à former ce moule est une composition liquide d'un fin limon tamisé & incorporé avec de la bourre & du crottin de cheval ; c'est pour la premiere couche : l'Ouvrier la prend à pleines mains & l'applique sur le noyau par plusieurs pieces de gâteaux qui s'unissent & se lient ensemble pour peu qu'on les étende : cet ouvrage grossier se perfectionne par plusieurs couches d'un ciment de mêmes matieres, mais beaucoup plus claires. Chaque couche est applanie par le compas, & on les laisse sécher au feu l'une après l'autre avant que de faire jouer le calibre. On ne manque pas de couvrir toutes les couches de grand chanvre de toute sa longeur pour empêcher le moule de se fendre & de faire des lézardes. Lorsque le moule est fini ; qu'il fait bien le parchemin & que le calibre en leve tellement la derniere couche qu'il n'en laisse plus rien, & qu'il ne laisse appercevoir que le sec de la couche précédente, on démonte de son arbre ce calibre ou planche d'échantillon : on coupe son trait au vif & dans son juste milieu.

Ensuite, à la hauteur du troisieme bord marqué sur la planche, on fait une entaille bien propre & un peu profonde & deux moindres en dessus & en dessous pour former 5 cordons : un peu au-dessous du onzieme bord, on en fait aussi plusieurs qui donneront les cordons ou filets propres à placer les inscriptions ; puis deux autres extrêmement minces, pour dénoter l'endroit des proportions de la Cloche, au cinquieme bord & demi & au douzieme bord moins un sixieme.

Il n'est plus question que de mettre la derniere main au moule. Pour cela l'on fait au réchaut une composition de suif, de savon, & d'un peu de cire : on replace le compas sur son pivot ; on applique sur le modele une couche legere de cette composition que l'on ragrée avec le compas légerement & également appuyé : enfin on retire le compas, puis on met les inſcriptions, les figures & les armoiries, qui ne ſont autre choſe que des feuilles minces de cire amollies à l'eau chaude & appliquées ſur des gravures faites ſur du buis, & rangés enſuite entre les filets & ailleurs ſur la compoſition de ſuif: le ſoleil ne doit pas donner ſur ce travail.

### *La Chappe ou le Surtout, ou la Chemiſe.*

Ce moule qui ſe nomme ainſi, parce-qu'il couvre les deux autres, doit être extrêmement fort à cauſe qu'il doit ſouffrir le travail d'un feu preſque continuel, qu'il doit être enfoui dans une terre preſſée & foulée à la poire à force de bras, & qu'il doit en outre porter tout le poids & toute la force d'un métal tout de feu lors de la fuſion.

Le compas étant démonté à l'ordinaire, on ouvre un compas de poche de l'épaiſſeur d'un bord, au moins, de la Cloche, & tandis que l'on conduit une de ſes jambes le long du trait de l'échantillon, l'autre jambe grave ſur la planche tout le trait d'épaiſſeur qu'il convient de donner au ſurtout. Ce trait étant gravée on coupe l'autre trait comme précédemment, au vif & en biſeau : on met la planche montée dans la traverſe en un vaſe rempli d'eau, de peur que les coins ne se dessechent.

Ici l'on songe à disposer pour la premiere couche de ce moule, une certaine composition de fin limon, d'abord passé au sec par le tamis, qu'on mêle avec de la bourre bien émondée & du crottin de cheval; puis le tout étant mis dans l'eau, on en fait un brouet, qui, étant coulé au tamis se convertit en un fin coulis. On travaille à faire la couche de la façon que voici : vous tenez en main un chauderon plein de cette matiere ; vous plongez l'autre main dedans, vous la presentez pleine & la déchargez par-tout le modele, mais doucement afin de ne pas déranger les lettres & les figures. Cette matiere s'étend d'elle-même par-tout & couvre tous les reliefs, remplit les sinus & les cavités des figures & des lettres ; l'opération se continue jusqu'à l'épaisseur de deux lignes. On laisse sécher (sans feu) cette couche, laquelle au bout de 12 ou 15 heures forme une croute.

On charge cette croute d'une deuxieme couche de même matiere, mais moins claire : & lorsque cette couche a pris une certaine consistence, on remet le compas en place & le feu dans le noyau, avec cette précaution de ne lui donner d'activité qu'autant qu'il en faut pour faire fondre la cire des inſcriptions, & former peu à peu dans les premieres couches les creux des lettres & figures par l'écoulement de la cire fondue.

Avançons : on charge d'une terre un peu moins claire encore, & l'on met toutes les couches de plus ſolides en plus ſolides ; on les entre-mêle du haut en bas de gros chanvre entier en long & en large, & que l'on applanit à chaque fois au compas. L'épaiſſeur de ce moule doit deſcendre plus bas que la meule de 4 à 5 pouces ; ( j'appelle cette partie le deſſous de meule ) & la ſerrer de près afin que le métal ne puiſſe point s'extravaſer.

Il faut la trancher par le bas, cette épaiſſeur, & la terminer en vive arrête par le moyen d'un petit morceau de bois attaché à l'extrêmité de la planche ; & pour le haut, on inſerera dans la main de force un morceau de planche taillé en forme de couteau de Chaircutier, qu'on appelle le *nez*, & qui, en tournant le compas, diſpoſera ſur le collet la forme où doivent être placées les anſes. On donnera à cette forme une ouverture proportionnée au volume des anſes.

Avant de lever la *chape*, il faut y marquer pluſieurs repères que l'on abaiſſera juſques ſur la meule en lignes droites avec des numeros en haut & en bas de ces lignes, afin de la reposer sur ces mêmes repères & sur ces mêmes numeros quand il en sera question.

Et pour la lever, cette *chape*, on place en 4 ou 5 endroits sous son extrêmité deux bouts de planche & un coin entre les deux bouts sur lesquels autant de personnes frappent à petits coups de marteaux tous ensemble afin qu'elle se détache également & sans rien briser du modele d'épaisseur. La voilà soulevée, il ne faut donc plus que des gens qui s'entendent bien, & qui au signal du Fondeur l'élevent en haut à force de bras, ou avec les crochets & la chévre, si le vaisseau est trop fort pour le retirer de la *fosse*.

Ce moule étant enlevé, on en remplit les crevasses & autres défectuosités s'il s'en trouve, avec un coulis d'eau & de cendres, que l'on fait sécher ensuite avec un falot de paille allumé, & que l'on essuie bien après, afin que tout soit net au parfait. Toutes choses étant ainsi faites, on brise le second moule qui est la cloche elle-même en figure : on le jette dehors de la fosse par morceau, on netroie bien le bord de la meule, & l'on repose le surtout en sa place & sur ses reperes.

*Nota* 1°. Avant que d'enlever le sur

tout il doit être chargé de ſes anſes ; car toute la maſſe doit ſe lever à la fois.

*Nota* 2°. Lorſque le Fondeur a briſé ſon moule d'épaiſſeur, il doit en prendre un morceau du gros bord & voir au compas s'il a ſon bord d'épaiſſeur tel qu'il doit l'avoir au plus juſte ; & s'il ne la pas, un Fabricien doit l'obliger à briſer & détruire tout ſon ouvrage, & à recommencer de nouveau : c'eſt à quoi il faut bien faire attention.

## CHAPITRE XI.

### *La Fonte théorique & pratique des Cloches.*

NOUS voici dans un ouvrage de patience & de longue haleine; auſſi l'Ouvrier s'y met-il dès les premiers jours & à toutes ſes heures perdues. Il prend ſes modeles d'anſes qu'il crayonne de charbon pillé ou de craie pour en tirer des creux, ce qui ſe fait ainſi. On enveloppe la moitié du modele d'un gâteau de la terre des moules qui eſt raffermie, &, ſans ſéparer le modele, on fait ſécher le gâteau au feu: quand il eſt ſec on ragrée ſon bord avec le couteau, on crayonne ce bord ainſi que l'autre moitié du modele que l'on couvre d'un ſecond gâteau: on le met au feu, après avoir ſéparé le premier, & quand il eſt cuit, on le retire, on les taille tous les deux fort proprement & à angles fins; on les applique l'un contre l'autre, on les colle enſemble par une bonne charge de la même compoſition qu'on leur applique en dehors, & par un bon enduit de terre legere qu'on leur donne en dedans. On fait cuire le tout à volonté, après quoi on lave ce creux ou ces deux demi creux par dedans, afin d'enlever les parties grumeleuſes qu'il peut y avoir. Enfin on remet ſon ouvrage à la cuiſſon; & voilà ce qui concerne la façon des creux qui ſont au nombre de ſix & des demi creux au nombre de douze: on travaille à tous dans le même tems ſi l'on a ſix modeles.

Voici pour la maîtreſſe anſe, qu'on appelle *le pont*: on fait un modele de terre mêlée de bourre & de crotin courroyées à la main, & on le figure tel qu'il doit être, & ayant vers ſon extrêmité ſuperieure, une ouverture pour paſſer la trompe de la cloche. On donne à l'extrêmité d'en bas une circonférence diviſée en ſix parties égales qui feront, en partant du centre de cette circonférence, ſix rayons égaux: c'eſt par le moyen du centre & de ces rayons que les ſix anſes s'ajuſtent ſur *le pont* par bas. Mais pour les y joindre par le haut, il faut faire un repere ſur chacun de ſes côtés en forme de croix pour les deux anſes appellées *les deux volans*: il en faut outre cela 2 ſur chacune des faces de ce pont, ſavoir un à droite & un à gauche pour une face, & un auſſi à droite & un autre à gauche pour la face oppoſée, leſquels doivent ſe trouver vis-à-vis d'une face à l'autre, en conduiſant ces mêmes reperes ſur la ſommité de ce même pont. C'eſt-à-dire, que les reperes ſuppoſées *a* & *b* de l'une des deux faces deviendront paralleles & parfaitement correſpondans aux reperes *a* & *b* ſuppoſés de l'autre face : ce petit langage eſt entendu par tous les Artiſtes du monde : voilà la place marquée pour les ſix anſes.

## *Pratique.*

Pour aſſembler mes pieces, c'eſt-à-dire, mes creux avec *le pont*, 1°. je couche ma maîtreſſe anſe ſur une planche crayonnée ou cendrée, j'adapte mes deux volans ſur ſes côtés & ſur leurs reperes, puis deux autres anſes ſur leurs reperes & ſur ſa face, & voilà déja quatre anſes ou autrement quatre creux d'anſes poſés & appliqués ; mais il faut que la diſtance qu'elles ont au centre du *pont* ſoit égale entre-elles, ce qui ſe trouve au compas : ces creux étant ainſi arrangés, on emplit d'un morceau de terre l'ouverture qui eſt au *pont* qui formera un paſſage pour paſſer la trompe, puis on garnit de terre les coudes des anſes & des volans avec des gâteaux aſſez longs & larges pour remplir tout le vuide qui eſt d'un creux à l'autre ; enſuite on donne à tout cet ouvrage une bonne & ſuffiſante charge : c'eſt un gros maſſif pour lors, que l'on fait cuire au feu de charbon juſqu'à ce qu'il ait pris aſſez de force pour être manié & renverſé, bien entendu qu'en arrangeant ſes pieces, & avant que de les expoſer au feu, on aura eu ſoin de faire au milieu de la tête du pont avec un baton bien arrondi un jet capable de recevoir le métal en fuſion, puis deux ſoupiraux ou évents aux deux côtés du jet, mais un peu plus étroits & plus bas, afin que l'air ſorte hors du moule dans le tems qu'on coulera.

2°. Il reſte l'autre partie de l'opération. Je renverſe mon maſſif ſur une table pour placer mes deux autres creux d'anſes ſur ſon autre face ſur leurs reperes & à la même diſtance du centre du pont que les deux creux précédens, au moyen de mon compas dont j'ai conſervé l'ouverture. Je donne les mêmes charges de ce côté-ci que de l'autre, & une autre charge de ſurplus ſur la jonction des deux pieces afin qu'elles ne ſe ſéparent point; je mets cuire ce côté-ci comme j'ai fait l'autre : la cuiſſon en étant faite, je ſépare mes deux moitiés & j'enleve la fauſſe anſe qui eſt le pont pour ne plus reparoître, mais ſi adroitement que je ne briſe rien, ſur-tout le morceau de terre que jai mis dans l'ouverture du *pont*, qui eſt tout ce qui en doit reſter pour faire l'emplacement de la trompe quand on coulera.

Cependant avant que de les séparer, ces deux moitiés, le compas à la main, je trace sur la sommité du *surtout* une certaine circonférence que je reporte en dessous de mon massif en partant de son centre, de ce dessous de massif ainsi arrondi, j'en fais une base que je forme à fin onglet avec un bon tranchant; & non-seulement je donne cette forme ronde à ce massif qui doit faire le couronnement de la Cloche, mais je lui donne encore un certain concave pour faire l'agrément de l'intérieur du cerveau de la Cloche.

3°. Les deux moitiés étant bien cuites on les appareille, on les polit en dedans, & on en emporte tous les grumeaux avec un pinceau de chanvre trempé dans de l'eau de terre, puis on les met au recuit.

4°. Lorsque le dedans en est bien sec, on réunit les deux pieces ensemble, on les charge en dehors, & par dedans on recouvre leur trait de séparation avec un coulis de terre mis au pinceau, puis le recuit.

5°. On emplit le noyau de charbon, on monte le massif des creux d'anses sur la chape & on l'emboîte dans le rond qui a été préparé pour le recevoir. Le feu doit être long afin que la cuisson soit complette: on aura soin de graisser auparavant d'huile à fond toute la place que doit occuper le couronnement ou ce massif, afin de pouvoir l'ôter quand on voudra en lever le ſurtout.

6°. C'eſt dans ce tems-là qu'on conſtruit ſur les anſes l'entonnoir où ſe termine le canal. Ce ſont trois gâteaux de terre en forme de tuile qu'on dreſſe à angles droits, qu'on aſſure bien l'un contre l'autre, & qu'on liſſe au fin poli : il faut autant de ces entonnoirs qu'il y a de Cloches. Tout de ſuite on prolonge avec des batons bien arrondis les ſoupiraux, que l'on tient toujours bouchés avec des tampons ainſi que le jet, juſqu'au moment qu'il faudra couler : & lorſque la cuiſſon ſera achevée & le feu éteint, on en levera le tout le plus proprement qu'il ſera poſſible de deſſus la chape.

7°. Reſte l'anneau de la Cloche à poſer. Voici comment on fait : on le poſe ſur le centre de cette traverſe de fer qui reſte dans le noyau, & ſur lequel a toujours roulé le compas de conſtruction. On établit tout autour de cet anneau ſur la traverſe un plancher de tuiles ou de briques ſur lequel on éleve un maſſif de terre de limon ſeche & ſans eau juſqu'au rez de la chemiſe en dehors que l'on pile à meſure que l'on va en montant juſqu'à ce qu'il ait la conſiſtance d'une ferme colomne ; & les deux branches dentelées de cet anneau excederont le ſurtout pour être incorporé dans le corps de la maîtresse anse. La colomne étant montée à son point, on fait un bassin de brique que l'on charge de charbon, & dans lequel on fait un feu violent pour faire cuire à fait cette masse de terre que l'on a élevée autour de l'anneau; & cette derniere cuisson étant faite, on enleve le *surtout* de la façon que j'ai dit à la fin du Chap. X.

8°. J'ai déja dit, *ibidem* que, quand le dedans de la chape a été bien lavé, fumé & nettoyé, on la repose sur ses repères & sur les numeros correspondans, (ce qui la replace en distance égale de son noyau en tout sens); à présent donc qu'elle est en sa place, il ne s'agit plus que de la couvrir de son bonnet ou de son couronnement, c'est-à-dire, de ses anses, de son jet & de ses évents que l'on soude par un coulis que l'on met recuire sur-le-champ. Après quoi il ne reste plus rien à faire que d'emplir la fosse de terre ferme & de gravier pilé de lits en lits, avec la poire, en sorte que depuis le fond jusqu'au rez de chaussée, cela imite la dureté de la pierre, afin d'empêcher les moules de se tourmenter lorsqu'on coulera la matiere : & tout est dit.

Et je passe tout de suite à d'autres parties qui termineront ce petit Ouvrage, telles qu'elles vont être détaillées.

## *Le Réverbere.*

C'est une espece de four qui se bâtit à 4 ou 5 pieds au-dessus du goulot ou *entonnoir*, dont je viens de parler nº 6. On l'appelle *réverbere*, parceque la flamme qui se joue dans sa voûte, reverbere & refoule son activité sur le métal. Il imite le four d'un Boulanger, mais sa voute doit être surbaissée pour mieux refouler vers le bas. Il est construit sur une base de cinq ou six briques de hauteur, plus ou moins, suivant la quantité du métal : ces briques se posent à contre-sens, c'est-à-dire, d'abord d'un lit de briques en largeur, puis d'un autre en longueur, & successivement ainsi jusqu'à 5 ou 6 lits, le tout bien lié & bien enduit en dehors & en dedans, d'une bonne terre de maçonnerie : mais avant que de construire cette base, vous avez un grand compas de bois auquel vous donnez pour rayon l'étendue de neuf bords d'une cloche qui fera supposée devoir être du poids de tout votre métal, c'est-à-dire, que si vous devez fondre 8000 liv. de métal ce seront 48 lignes que vous aurez de bord, qui multipliés par 9 font 432 lig. ou 36 pouces, ou trois pieds d'ouverture de votre compas, lesquels trois pieds en feront 9 de circonférence & 6 en diametre. Voyez la Table des lignes, poids & cubes.

C'est autour de cette circonférence & hors de sa courbe que vous dressez la base en question, sur laquelle vous faites bâtir votre four que vous faites bien crépir en dedans & revêtir en dehors d'une bonne charge. Dans cette base même & sur son terre-plein, on pratique une issue quarrée grosse comme le point, suivant la quantité du métal qui doit y passer pour couler dans les moules, & que l'on scelle hermétiquement d'un tampon de terre bien cuite. Vis-à-vis de cette même issue est une fausse porte ceintrée, qui communique à cette partie du reverbere qu'on nomme la *cheminée*, par laquelle porte la flamme vient se rendre dans le four pour se répandre avec toute son activité sur le métal : cette ouverture tient ici lieu de *foyer*. Entre cette espece de foyer & le trou de l'écoulement sont placées deux portes, dont l'une d'un côté du reverbere & l'autre de l'autre côté dans le vis-à-vis, assez grandes pour passer le Fondeur qui doit entrer en rampant. Ces deux portes sont destinées à épurer le métal à mesure qu'il cuit, à en tirer les écumes, à favoriser la sortie de ces fumées épaisses qui pourroient refroidir & faire figer une partie de la matiere.

## *Le Bassin.*

C'est le pavé du reverbere, ainsi nommé parcequ'étant un peu creux il imite le fond d'un plat ou d'un bassin. Ce pavé doit pancher un peu vers le trou du tampon afin que tout le métal puisse se rendre dans les moules. Il doit être fortement pilé au maillet, recouvert de sable pilé de même, & ragréé d'un gros coulis de cendres : ensuite on dresse en dedans tout au tour, & à la hauteur de la base un bon & fort talus de limon appliqué au sec & pilé au maillet, ragréé du brouet de cendres comme le reste ; & ce talus ainsi conditionné, regnera de même à l'entrée des portes.

## *La Chauffe.*

C'est une espece de cheminée contenant la moitié du reverbere en quarré auquel elle est toute contiguë. Cette piece est de deux parties ; une grille de gros fer plat les sépare : celle de dessous est pour recevoir les braises & les cendres, & celle de dessus est destinée à recevoir le bois de chauffe qu'on y jette par une ouverture qui est pratiquée en haut, & qu'on a soin de refermer chaque fois qu'on y jette du bois, afin que la flamme aille droit dans le reverbere. Tout doit être fait en briques.

## *La Chapelle*

Est cette face de la cheminée qui appuie contre le four du reverbere, & sur le haut de laquelle est construite cette fausse porte ceintrée dont je viens de parler, & qui est pour renvoyer la flamme sur le métal. Elle doit être bâtie en talus & d'une maçonnerie de brique la plus solide qu'il est possible, de peur qu'elle ne se brise quand on jette le bois, & que l'on ne perde son métal & sa fonte, comme je l'ai vu arriver.

## *Le Canal*

Est un conduit composé dans sa longueur de briques bien enduites de terre & d'un coulis de cendres par-dessus. La pente de ce conduit, qui est depuis le tampon jusqu'à l'échenal doit être médiocre, mais suffisante pour conduire le métal dans les moules.

## *L'Eschenau*

Ou échenal est un bassin, & précisément l'entonnoir dont je viens de parler, n° 6. Il est en quarré oblong, il communique au canal devant lequel il est placé. Il est percé dans son fond d'autant de trous qu'il y a de maîtres jets, & qu'il y a de Cloches par conséquent : il est placé ſur le haut des moules, de ſorte que ſes trous qui ſont en forme de larges godets, s'uniſſent par leur ouverture intérieure avec l'orifice de chaque jet. Les tuyaux des évents viennent ſe terminer ſur l'aire autour des bords de l'eſchenau.

### *La Cuite du four.*

On emplit le four de reverbere de bois & de paille auxquels on met le feu : lorſque tout eſt conſumé, l'on y remet une bonne charge de bois, on bouche les portes, on recharge les endroits de la calotte où l'on apperçoit la fumée ſortir ; mais à cette fois-ci le feu étant éteint, le Fondeur rentre dans le four, nettoie bien ſon baſſin, & obſerve bien attentivement ſi le métal ne ſe peut perdre. Et ſi tout eſt en état bon, l'Ouvrier range dans ſon fourneau un lit de paille & quelques bûches par-deſſus, ſur leſquelles il place ſes morceaux de métal tout droit, en ménageant de petits entre-deux d'un morceau à l'autre, afin que la flamme ait priſe par-tout : après quoi il conſtruit aux fauſſes portes par où il eſt entré, une cheminée à briques de la hauteur du four pour mieux faire jouer le feu de reverbere juſqu'à ce qu'il faille écumer, & ménager le déchet du métal.

## *La Fusion.*

Le moment de couler étant arrivé, & la cuiſſon étant louable, comme je l'ai marqué Chapitre IX, on nettoie bien tous les canaux & eſchenaux qui n'ont ceſſé de cuire au feu de charbon durant tout le tems de la chauffe & la fonte du métal : on débouche les jets & les ſoupiraux ; on brûle au feu par l'une des fauſſes portes le bout de la perche qui doit enfoncer le tampon du métal, & qui doit le tenir en commande dans ſa ſortie lorſqu'il coule ; on brûle de même le bout de tous les batons & les palettes de bois qu'on deſtine à manier & à conduire le métal, le tout afin d'en éviter les crachemens. Toutes choſes étant diſpoſées de la ſorte, le Fondeur les pieds en pantouffles & pourpoint bas, donne un grand coup de ſa perche contre le tampon qu'il enfonce dans le four, le métal ſort comme un torrent de feu ; & ſans bouger cette perche du trou, il commande ſa fuſion au gré de la capacité de ſes canaux : à l'inſtant il s'éleve par les évents une flamme ſemblable à celle de l'eau-de-vie, laquelle ne s'éteint que quand les moules ſont pleins & que les Cloches ont réuſſi : tout eſt fini.

*Addition.*

Les 6 anses des Cloches doivent porter dans leurs 4 faces un bord & un tiers d'épaisseur.

Le battant doit avoir dans le gros de sa poire un bord & demi, plus un huitieme d'épaisseur, qui font 4 bords & demi plus $\frac{3}{8}$ de circonference, la poire étant bien arrondie.

L'anneau du battant & celui de la Cloche doivent être arrondis & bien adoucis à la lime pour la conservation du brayer.

Les tourillons seront faits en grain d'orge, & les plumarts seront faits du même métal que les Cloches.

## CHAPITRE XII.

### *Réfutation des moyens des Fondeurs, lorsqu'ils manquent leurs accords.*

### PREMIERE QUESTION.

POURQUOI dans une octave les tons graves l'emportent-ils en mélodie sur les tons aigus ?

*Rep.* La fusion fait elle-même cet effet. Si raffiné que soit le métal par le feu de réverbere, ses parties étant divisibles à l'infinie, celles qui sont les plus composées, les moins divisées, les plus terrestres se précipitent dans le fond de la matiere, tandis que les plus simples & les plus subtiles demeurent suspendues au-dessus en forme de stagnance.

Lors donc que l'on coule, les parties les plus spiritualisées s'empressent d'aller se décharger dans les plus gros vaisseaux par où commence la fusion de ce métal, & les plus grossieres cherchent leur centre de gravité qui est le fonds du réverbere : c'est donc une chose toute simple que les premieres Cloches coulées, & qui ont pris toute la crême du métal, soient aussi les plus sonores en mélodie.

Comme cette mélodie des sons dépend de la liaison de la matiere, plus la liaison en est étroite & plus augmente le mélodieux de ces mêmes sons; or plus les parties de la matiere approchent de l'unité par leur décomposition, plus aussi sont-elles susceptibles de liaison.

Ajoutons que plus un poids, par sa gravité, comprime les parties d'un métal, qui sont comme spiritualisées, plus ces parties se trouvent disposées à se marier & à s'unir d'une maniere très étroite : c'est l'avantage des gros vaisseaux & des tons graves, où par exemple, un *ut* pesant 8000 liv. de matiere, tandis que son *ut* octave n'en pese que 1000, on peut dire que le premier l'emporte de 7000 de gravité sur l'autre; on doit donc conclure, que toute proportion gardée entre la mélodie de ces deux tons, on a la raison de 8 à 1, dont la difference est de 7000 parties de mélodie contre 1000.

## *Premier moyen de défenses.*

Mais qu'un Fondeur veuille tirer avantage de ce discours, qu'en résultera-t-il? Que son accord est manqué par les raiſons ci-déduites, ſavoir par les parties de ſon métal plus ſubtiles ici, plus craſſes là ?

*Rép.* Ne confondons rien. La mélodie des ſons & l'accord des tons ſont deux choſes bien différentes que l'on ne peut aſſujettir aux mêmes regles : les accords ſe font à la regle & au compas ſur des principes qui ſont immuables ; au lieu que les qualités premieres, dernieres & intermédiaires qui roulent dans un gros volume de matiere liquide ne ſe meſurent point aux pouces : un accord parfait dépend de l'habileté de l'Artiſte, & les graces de la mélodie ne dépendent que de la matiere.

## SECONDE QUESTION.

### *Second moyen de défenſes.*

La différence des métaux ne dérange-t'elle pas les tons ?

*Rép.* On n'a qu'à demander aux Claveciniſtes & aux Luthiers, ſi la bonne ou mauvaiſe qualité des cordes de leurs Inſtrumens augmente ou diminue le degré de tons qu'ils veulent y donner, & ſi deux cordes, par exemple, montées en tierce ne ſonneront pas toujours la tierce.

Les nuances du bon goût & du mélodieux ne s'y rencontreront point il eſt vrai ; c'eſt le cas précédent & la même réponſe : la queſtion n'eſt pas ici de la bonne ou mauvaiſe mélodie, mais de la bonté ou de la fauſſeté des accords.

Suppoſons pour un moment les quatre Cloches ſuivantes qui ſont pour former tierce, quinte & octave, *ut*, *mi*, *ſol*, *ut*; on défie tout Harmoniſte de dire que ces *tierce* fondue en cuivre rouge, *quinte* en cuivre jaune, & *octave* en cuivre de potin, ne doivent pas ſonner tierce, quinte & octave, quoique faites avec toutes les regles de l'art, mettant à part, encore un coup, les nuances de la mélodie.

C'eſt donc une chicane & une mauvaiſe foi dans l'Ouvrier, quand une Cloche eſt trop haute ou trop baſſe d'un quart de ton ou d'un demi-ton, de dire que le métal de la Cloche reſtante n'eſt pas le même que celui de la neuve.

## TROISIEME QUESTION.

### *Troiſieme moyen de défenſes.*

La différence des fournitures peut-elle faire différencier les tons ?

*Rép.* D'abord on convient que ſi la maîtreſſe Cloche ſonne dans ſa fourniture un *mi*, un *ſol*, un *ut*, aigu qui ſoient faux, tandis que les Cloches *mi*, *ſol*, *ut* aigu, qui accompagnent celle-ci ſeront en tons vrais; l'on convient qu'alors il y aura de la diſſonance, ne pouvant y avoir ni uniſſon ni accord entre le vrai & le faux: mais où aboutit cette queſtion? à faire voir qu'à mauvais Ouvrier, mauvaiſe défaite?

Car enfin, 1°. où cette Cloche en queſtion eſt d'accord avec elle-même, ou elle ne l'eſt pas: ſi elle l'eſt, pourquoi ne pas ſe regler ſur ſa fourniture, & ſi elle ne l'eſt pas, pourquoi s'y regler? (voyez la Préf.) 2°. Quoiqu'elle ne ſoit pas d'accord avec elle-même, il arrive ſouvent que le ton de ſa frappe eſt vrai, & que les tons de ſa fourniture ſont faux. Alors ce ton de frappe, ou de gros bord, ſe trouvera en parfait accord avec les tons de gros bords des autres, ſi l'on y a obſervé les regles de l'art. Donc les tons de frappe d'une part, & ceux de fourniture d'autre part, faiſant deux échelles de tons ſéparées, ceux-ci ne ſauroient faire différencier ceux-là: ce qu'il falloit démontrer.

## QUATRIEME QUESTION.

### *Quatrieme moyen de défenses.*

Les tons peuvent-ils se déranger dans les moules ?

*Rép.* Les Fondeurs se croient bien forts quand ils disent que la force du métal, & que l'humidité dont les moules sont susceptibles, peuvent apporter des changegemens notables dans les accords ; que ce sont de ces inconvéniens dont ils ne peuvent répondre & qu'ils ne sauroient prévoir. Voilà du spécieux : mais ce n'est que du spécieux ; venons au fait.

Il s'agit ici de trois moules, qui sont le le noyau, le modéle de cloche, & sa chappe : examinons-les par ordre ; & après examen fait, les Fondeurs se trouveront plus responsables qu'ils ne le pensent.

Et 1°. Qu'est-ce qui donne le ton ? C'est le diametre, c'est l'épaisseur. Qu'est-ce qui forme le diametre ? C'est le noyau. Or le noyau est un massif de maçonnerie, composé de briques & d'un recuit perpétuel qui le rend ferme comme la pierre. Il ne peut donc souffrir aucun changement. Donc le diametre reste en son entier : donc ici le ton reste en son entier, quant au diametre.

2°. Qu'est-ce que l'épaisseur ? C'est le modele même. Or avant que de couler, ce modéle a été brisé, enlevé ; donc il n'est plus susceptible d'humidité, ni exposé au poids du métal puisqu'il n'en est plus question ; donc encore ici le ton est en son entier, quant à l'épaisseur. C'est donc 3°. de la chappe que proviennent les discords à raison de ce poids & de cet humide prétendu ?

Point du tout : mais voici où est l'erreur. 1°. Le Fondeur ouvre un grand compas de bois de l'étendue de son diametre, piquée sur une regle ; il présente trois fois son compas sur la circonférence inférieure de son noyau, & quand il manque quelque quart ou tiers de pouce, il compte que ce n'est rien & passe par-dessus. Or Messieurs les Fabriciens doivent être présens à cette épreuve, & en cas du moindre défaut de justesse, obliger l'Ouvrier à rectifier son ouvrage ; car une ligne de moins dans le diametre, (qui est le tiers de la circonférence du noyau, ) c'est une ligne d'épaisseur de plus pour le modéle de Cloche : or une Cloche trop étroite d'une ligne & trop épaisse d'une ligne, vous la fait monter d'un demi-ton trop haut ; premiere erreur, le noyau. Passons à une autre.

2°. Quand le modéle a eu toutes ses façons, l'Ouvrier bâtit sa chappe dessus; & la chappe faite, il la leve, après quoi il casse son modéle. Ce modéle brisé, il prend avec son compas l'épaisseur de sa Cloche, qu'il a piquée sur sa regle; il prend un morceau du gros bord de son modéle, y présente son compas; & s'il n'y a qu'une ligne de trop ou de trop peu, il fait comme il a fait à son noyau, c'est-à-dire qu'il passe par-dessus: seconde erreur, le modéle. La présence de Messieurs les Fabriciens est encore ici nécessaire pour forcer le Fondeur à recommencer ses trois moules. Reste un mot à dire sur la chappe.

C'est un massif de terres renforcées, épais à discrétion, garni de gros chanvre crud, quelquefois de fils de fer, de cercles de fer ou de bois, selon la force & le poids du vaisseau, environné d'un autre massif de terres, gréves & ciments, mises par assises égales du bas en haut & fortement pilées avec la poire; & le tout compris ensemble, cela ne fait plus qu'un même corps, sur lequel, toutes mesures bien prises, la force de la fusion n'a aucune prise; aussi n'est-ce point par-là que les fontes manquent.

Il n'y a donc plus que l'humidité à craindre. Mais pourquoi, aussi-tôt ce dernier moule fait & construit dans toutes ses parties, & aussi-tôt qu'il a eu son recuit, ne pas fondre & couler tout de suite, plutôt que d'aller passer son tems à des voyages de plusieurs jours? Il faut ici la diligence de Messieurs les Fabriciens, pour forcer un Fondeur à consommer sans perdre de tems l'ouvrage de sa fonte. Donc ce dernier moule, non plus que les autres ne préjudicie en rien aux accords, qu'autant que l'Ouvrier le veut bien; donc il est responsable des discords.

Pour surcroît de preuve, si la Fabrique a conservé comme elle le doit, les épreuves par écrit & signées de l'Ouvrier, tant du modéle que du noyau; avec un échantillon du gros bord du modéle reconnu aussi & signé par lui, on n'a qu'à comparer le tout avec le diametre & le bord de la Cloche lorsqu'elle sera tirée hors de la fosse & vuidée de son noyau, & l'on verra que les rapports seront justes. Donc, si la Cloche n'est point dans son ton, c'est que le Fondeur aura failli dans ses premieres dimensions de diametre & de bord; donc l'erreur sera dans le principe & non dans les moules. Tout ce que nous venons de dire ici en quatre questions, a la force d'une démonstration.

CINQUIEME

## CINQUIEME QUESTION.

A quoi bon cet usage des Fondeurs de n'allumer le feu de la fonte, que le jour d'après que le métal est rangé dans le four de reverbere?

*Rép.* Je le laisse à deviner. On y met une garde : mais pourquoi une sentinelle quand on peut s'en passer? Ici je me tais, plutôt que de tout dire. Mon silence doit rendre attentifs ceux qui emploient les Fondeurs. On ne peut reprocher qu'à soi-même d'avoir été trompé, quand on a été averti.

# CHAPITRE XIII.

## *Addition au présent Traité.*

### ARTICLE PREMIER.

COMME les Fondeurs ne sont pas tous au fait de calculer par cubes, je vais leur en dire un mot par des exemples. Supposé ces quatre épaisseurs 7 lig. 8 lig. 9 lig. 10 lig. Je multiplie 7 lig. par 7 valent 49, ensuite 8 lig. par 8 = 64; puis 9 lig. × 9 = 81, enfin 10 lig. × 10 = 100 : premiere opération. Cela fait, je multiplie ces 4 nombres 49 × 7 lig. = 343, 64 × 8 lig. = 512, 81 × 9 lig. = 729; & 100 × 10 lig = 1000. Calculer de la sorte, cela s'appelle tripler ou cuber les chiffres.

### ARTICLE II.

Veut-on savoir ce que doit peser un *ut* aigu dont on connoît l'épaisseur, qui est, je suppose, de 8 lignes, ou de 9 lignes, ou de 10 lignes, ou de toutes autres quelconques? Il faut, 1°. cuber ces épaisseurs, comme il vient d'être fait dans l'article précédent. 2°. On multipliera par 25 livres, qui est le poids du premier *ut* aigu de

7 lignes, celui des nombres cubes ci-dessus qu'on voudra; comme par exemple, le cube de 8 lignes qui est 512 par 25 livres, le produit est de 12800; le cube de 9 lig. qui est 729 multiplié par 25 livres donne 18225: & le cube de 10 lignes, qui est 1000 multiplié par 25 liv. donne 25000.

3°. Comme on a pris les 25 livres de la premiere Cloche de 7 lignes pour multiplicateur des cubes de 8, de 9 & de 10 lignes, on prendra pour diviseur des produits qui sont sortis de ces multiplications, le cube des 7 lignes de cette premiere Cloche, ce cube est 343. Or, en divisant 12800 par 343, il viendra 37 livres pour le poids des 8 lgines; divisant 18225 par 343, on aura 53 livres pour le poids de 9 lignes; divisant de même 25000 par 343, on aura 75 livres pour le poids de 10 lignes. On peut juger de ce simple exposé que pour savoir ce que doit peser un *ut* aigu, quel qu'il soit; il n'y a d'abord qu'à cuber son bord, puis multiplier son cube par 25, & enfin diviser par 343 le produit de cette multiplication: le quotient sera le poids que l'on cherche. C'est ainsi qu'a été dressée la Table du Chapitre VIII.

## ARTICLE III.

On veut faire reconstruire une Cloche

caſſée ; ſur quel accord la mettra-t-on? car il arrive ſouvent que la plus groſſe ſonne un *re* pour un *ut*, & dans ce cas, ſi l'on n'y prend garde, le *mi*, qui ne devoit tenir que le troiſieme rang, occupera le ſecond, ce qui eſt un déplacement de ſemi-ton de fort mauvaiſe grace. Il eſt donc à propos d'avertir le Fondeur, du ton de cette groſſe Cloche, lui qui pour l'ordinaire ne ſait ni gammes ni notes.

## ARTICLE IV.

On propoſe à un Fondeur de faire une Quinte & de lui fournir une quantité fixe de matieres, par exemple, 4000 livres ou 26000 livres ſans lui nommer d'épaiſſeur; comment la répartira-t-il dans ſes cinq Cloches? s'il pouvoit connoître quel doit être le bord de ſon *ut*, il ſauroit auſſi ce qu'il doit peſer : mais comme cela ne ſe peut, mon avis eſt qu'il ne doit jamais faire de ces ſortes de marchés qui tourneroient au détriment de ſon honneur & de ſa fortune, à moins qu'il ne ſoit très habile dans l'art du calcul & des combinaiſons. Qu'on lui déſigne plutôt de quelle épaiſſeur on veut la maîtreſſe Cloche, & alors il verra, & il procédera exactement, ſelon l'inſtruction des Chap. V, VI, VII & VIII.

# OBSERVATIONS

## *Nécessaires sur quelques parties de ce Traité.*

A La page 99, ligne 1. » On examine si » cepremier-ci est bien juste en son diame- » tre : la preuve s'en fera en portant le » tiers bien juste de sa rondeur sur une » regle où seront marqués ses quinze » bords.

Les Fondeurs portent six fois la moitié du diametre au bas de la circonférence de leurs moules (noyau ou fausse cloche :) cela n'est pas exact, voici ce qu'il faut subs- tituer.

Il est de regle que tout diametre est à sa circonférence comme 7 est à 22, ou comme 113 est à 355. Conséquemment il faut ici diviser le diametre en 7, & ensuite présenter 22 fois un de ces septiemes autour des moules en bas; & si l'on a bien operé, on retombera juste au premier point d'où l'on est parti, sans quoi il faudra briser les moules.

Et même, afin d'approcher de plus près de la quadrature du cercle, si le diametre est assez étendu pour souffrir à l'aise 113 divisions, on présentera 355 fois l'une de ces diviſions au bas des moules ; ceci regarde la page 99 & le Chapitre XII, queſt. IV, n°. 3.

A la page 66 ligne 5. » Le poids de la » Cloche, qui auroit dû avoir 15 bords » dans ſon diametre, doit diminuer de » moitié. C'eſt une erreur ; mais voici ce que c'eſt.

Il s'agit de réduire le poids d'une Cloche de 15 bords ſur diametre à 14 bords, & de 12 bords ſur hauteur à 11 bords : ce ſont donc deux retranchemens à faire ſur le poids de cette Cloche, qui ſont un quinzieme, puis un douzieme de ce poids. Dans l'exemple propoſé page 66 ligne 11, de 3393 liv. pour une Cloche de XXXVI lignes faite en 15, le quinzieme eſt 226 livres 3 onces, & le douzieme eſt 282 liv. 12 onces, ce qui fait enſemble 508 liv. 15 onces : & cela retranché de 3393 on n'aura plus que 2884 liv. & une once pour la Cloche de 15 bords réduite à 14 bords. Application de la Regle de Trois, 1°. 15 bords : 14 bords : : 3393 liv. : ⋈. Or 3393 livres × 14 = 47502 : mais 47502 diviſés par 15 = 3166 livres 13 onces : ce ſont donc déja 226 livres 3 onces de moins ſur les 3393 livres 2°. 12 bords : 11 bords : : 3393 : ⋈. Or 3393 × 11 = 37323 : puis 37323 diviſés par 12 = 3110 livres 4 onces : ce ſont donc encore 282 liv. 12 onces de moins sur les 3393 liv. : ce qu'il falloit démontrer.

Mais il est à observer que, quand un *ut*, soit grave, soit aigu, doit porter sur son diametre entre 14 & 15 bords, & sur sa hauteur entre 11 & 12 bords, il faut absolument commencer par réduire, comme il vient d'être dit : après quoi voici ce que l'on fait. Dans la supposition où l'on voudra donner au diametre de cet *ut* 14 bords & un tiers, ou bien 14 & demi, ou 14 trois quarts, ou enfin 14 bords & deux tiers, il faudra voir à combien monte la réduction des 15 bords de largeur & des 12 de hauteur, des deux sommes n'en faire qu'une ; ci-dessus elles sont de 508 liv. & 15 onces ; ensuite de quoi l'on ajoute au poids de l'*ut* fait en 14, ( ici c'est 2884 liv. & 1 once) le quart, ou le tiers, moitié, ou les trois quarts, ou les deux tiers, par exemple, de 508 liv. 15 onces marqués ci-dessus, & l'on aura le poids que l'on cherche.

Autre exemple d'une Cloche de 8 lig. de 37 liv. & de 15 bords sur 12. Je dis que le quinzieme & le douzieme de 37 liv. joints ensemble font 5 liv. $\frac{1}{2}$ à ôter de 37 liv. pour ne faire plus que 31 liv. $\frac{1}{2}$, cette Cloche étant réduite en 14 bords sur 11.

J'ajoute à 31 livres $\frac{1}{2}$ une livre 6 onces quart de 5 liv. $\frac{1}{2}$, ce qui me fait 32 livres

14 onces pour cette Cloche à faire en 14 & un quart; mais pour l'avoir en 14 & demi, j'ajoute à 31 liv. ½, la moitié de 5 liv. ½ qui est 2 liv. 12 onces qui feront 34 liv. ¼. Enfin à 34 liv. ¼ en ajoutant le quart de 5 liv. 8 onces qui est une liv 6 onces, j'aurai 35 livres 10 onces pour cette même Cloche, supposé qu'on lui donne 14 bords trois quarts.

*Observation sur* K, P, L, *qui sont à l'arrondissement du cerveau.* P doit être placé sur la ligne d'arrondissement, à un demi-tiers de bord plus bas que le point A; K & L chacune aussi à un demi-tiers de bord, près du point P.

Si dans les Planches de gravure le compas ne se rencontre pas toujours juste avec les modéles sur lesquels elles ont été faites ce n'est la faute de personne; c'est l'effet du poids de l'imprimerie sous lequel le papier s'étend. Ainsi, sans y avoir égard, il faut s'en tenir aux regles: les Planches ne sont que pour guider, comme l'on dit, à vue de pays.

FIN.

## AVIS AUX FABRIQUES.

IL eſt parmi Meſſieurs les Fondeurs beaucoup d'honnêtes gens ; mais il en eſt quelques-uns qui ne ſont pas aſſez délicats ſur le point d'honneur. Que ceux-ci s'offenſent de mes avis, c'eſt leur métier ; mais un homme de probité prend tout en bonne part, & ne s'offenſe pas de la vérité.

Vis-à-vis des Coureurs, les Communautés ſont la plupart du tems ou mal ſervies ou volées : mal ſervies dans la cuiſſon des moules, dans l'épreuve des moules, & dans le retard de la fonte : volées dans le métal.

Dans la recuite des moules, il faut empêcher le Fondeur de s'écarter, parceque ſi ſes moules ne ſont pas chargés & rafraîchis à propos, il en arrive de grands inconvéniens pour les proportions qui doivent regner de bas en haut dans une Cloche.

L'épreuve des moules ſe fait en préſentant trois fois le diametre de la Cloche, tel qu'il eſt marqué ſur une regle, ſur ſon noyau & ſur ſon moule à l'endroit que l'on nomme la pince.

Quand l'Ouvrier eſt honnête homme, il briſe tout ſon ouvrage s'il n'eſt pas juſté ; mais quand il ne l'eſt pas il paſſe outre & vous donne une Cloche qui détonne d'un quart de ton & quelquefois plus. Il eſt donc à propos que ce diametre ſoit mis en dépôt, & que l'épreuve ſoit faite en préſence du Curé, d'un Chanoine, ou d'un Religieux nommé à cet effet.

Le retard de la fonte eſt quelquefois un retard d'induſtrie de la part de l'Ouvrier, qui n'eſt fin qu'à ſon profit. Mais il faut l'obliger à mettte le feu à ſon reverbere auſſi tôt que les moules ſont mis en état & bien enterrés, car il eſt de conſéquence plus que l'on ne croit, qu'ils ne prennent pas l'humide.

Le métal eſt ſi friand pour ces ſortes de gens que l'on ne peut trop s'en méfier, & leur donner le tems d'être tenté, c'eſt trop les expoſer. Ainſi, auſſitôt la matiere rangée, il faut mettre le feu, ſans leur donner le tems de ſe retourner.

FIN.

# *ERRATA.*

PAge 1 *lig.* 2, avec le ſemi-ton, *liſez* avec les ſemi-tons.

Page 22 *lig.* 7, ou 41 lig. 3 ſ., *liſez* 4 lig. 3 ſ.

Page 24 à la Table, mettez au *fa* 84 liv., au *mi* 102 liv. au *re* 145 & à *ut* grave 200 liv. ces 4 numeros manquent.

Page 63 *lig.* 29, 245 l., *liſez* 246 liv.

Page 64 *lig.* 2, 245 liv. *liſez* 246 liv.

*Ibidem.* *lig.* 10, la différence 27 liv. & diff. 27, *liſez* 26 liv. & diff. 26 liv.

*Ibidem.* *lig.* 12, 298 liv., *liſez* 297 liv.

Page 73 *lig.* 14 après le n°. 1, *ajoutez* pages 58 & 59.

Page 74 *lig.* 23, après le n°. 1, *ajoutez* de même pages 58 & 59.

Page 79 *lig.* 25, la diagonale F D, *liſez* l'angle F D.

Page 95 *lig.* 11, angles, *liſez* carnes.

# TABLE
## DES CHAPITRES.

Fin de la Table.

www.ingramcontent.com/pod-product-compliance
Lightning Source LLC
LaVergne TN
LVHW020315230826
846091LV00003B/677

* 9 7 8 2 0 1 9 6 8 7 2 1 2 *